BON VIVANT
OU
BIEN VIVANT

POURQUOI CHOISIR ?

ISBN : 978-2-7029-3081-6

www.editions-tredaniel.com

info@guytredaniel.fr
www.facebook.com/tredaniel.bienvivre
@tredaniel_bienvivre

Maxime Commo et Ludovic Riera

BON VIVANT OU BIEN VIVANT

POURQUOI CHOISIR ?

LE DILEMME DU SAPIENS MODERNE

LE COURRIER
DU LIVRE

27, rue des Grands-Augustins
75006 Paris

SOMMAIRE

PRÉFACE

Dans cet ouvrage original qui aurait pu s'appeler « *Comment gérer son existence entre le bien et le mal, le bon et le mauvais* », les auteurs expertisent cette dualité permanente qui accompagne nos prises de décision les plus intimes tout au long de notre vie. Existe-t-il une rédemption suprême ou sommes-nous les artisans de nos choix en pesant le pour et le contre ?

Partant de ce principe, ce livre s'attache à inventorier les voies métaboliques et psychologiques de nos choix en exposant le pour et le contre, et surtout en proposant des solutions innovantes pour atténuer les effets potentiellement néfastes d'un moment de relâchement, moment indispensable à notre équilibre psychique.

C'est à une véritable dissection que se livrent les auteurs pour gérer l'avant, le pendant et l'après. Organe par organe, fonction par fonction, les chapitres de cet ouvrage richement documenté explorent les conséquences des excès d'un jour ou d'un soir. La fatigue, la digestion, les différents métabolismes des xénobiotiques[1] et de l'alcool sont autant de sujets traités avec justesse et perspicacité.

Ce véritable manuel, que d'aucuns auraient pu prendre pour une sorte de vade-mecum de recettes destinées à promouvoir les débordements engendrés par la fête, se révèle comme un guide précieux pour aider celui qui s'est lâché l'espace d'un soir à accompagner son organisme à réguler par lui-même son homéostasie.

C'est grâce à un exposé scientifique pertinent que les auteurs peuvent proposer les attitudes à adopter pendant et après le « gueuleton », la fatigue, l'abus d'alcool… que le lecteur sera amené à comprendre les techniques de détoxification mises en place par l'organisme et à favoriser leur mise en route.

Malgré la multitude d'ouvrages traitant de ce domaine, aucun ne s'était encore penché avec autant de pertinence sur ce sujet ; être ou ne pas être, vivre ou ne pas vivre, telle est la question !

Bon vivant ou bien vivant sera une aide précieuse pour tous ceux qui, soucieux de garder une bonne santé physique et mentale, refuseront de tomber dans l'abstinence la plus absolue en choisissant la voie intermédiaire, celle de l'équilibre entre le mauvais et le bon qui peut se résumer par l'inscription de mon maître Rabelais donnée comme règle à l'abbaye de Thélème, « *Fais ce que tu voudras* ».

PAUL PILARDEAU
Médecin, spécialiste en médecine du sport,
maître de conférences des universités.
Directeur du département de recherche et d'enseignement
en médecine du sport à Bobigny.

INTRODUCTION

J'ai décidé d'être heureux
parce que c'est bon pour la santé.

VOLTAIRE

Un peu de santé par-ci, par-là,
c'est pour le malade le meilleur remède.

NIETZSCHE

« Être ou ne pas être, telle est la question[2]. »

De cette fameuse tirade d'Hamlet, nous rétorquons :
« *Être vivant ou se sentir vivant, tel est le dilemme.* »

Certains clameront que se sentir vivant consiste à profiter de chaque instant en suivant ses désirs. La quête d'accomplir une vie intense pour saisir chaque instant dépasse la préoccupation permanente des conséquences et du lendemain. Vivre réside dans l'accumulation d'expériences hédonistes.

D'autres clameront qu'être vivant, c'est se garantir un futur et s'assurer d'optimiser sa vitalité pour être à même de savourer les lendemains. La frustration n'est rien à côté du plaisir de ce que l'on récolte par la suite.

Est-ce que je m'arrête à deux verres ce soir pour pouvoir profiter de mon lendemain, ou est-ce que je me laisse emballer dans la frénésie de cette soirée entre amis, quitte à subir au réveil ?

Est-ce que je succombe à ce plat alléchant à n'en rien laisser dans l'assiette, ou est-ce que je m'évite la panse trop tendue et la culpabilité pour mes poignées d'amour ?

Est-ce que je termine ce dossier qui va me faire dormir peu, mais qui sera bouclé pour que je puisse profiter du week-end entier, quitte à être fatigué ?

Est-ce que je prends ce somnifère pour espérer me reposer ?

Est-ce que je prends ce médicament en prévision de mon mal de crâne ou est-ce que j'attends d'être certain que cela arrive ?

Le dilemme

Consciemment ou inconsciemment, le quotidien d'un être humain moderne a tendance à se trouver confronté à de nombreux dilemmes entre désir et santé. Nous pensons que bon nombre d'entre nous font des excès qu'ils peuvent regretter et/ou s'imposent des frustrations. S'il n'y avait aucune limite ni aucun risque pour la santé, vivrions-nous exactement les mêmes journées ? Peut-être ne dormirions-nous qu'une heure pour pouvoir vivre encore plus d'expériences enrichissantes avec nos amis et notre famille. Peut-être avalerions-nous des tonnes de fromage à raclette ou de pizzas jusqu'à saturation de nos papilles gustatives. Peut-être aurions-nous souvent ce léger état d'ivresse qui désinhibe et tend à nous libérer de nos complexes sociaux, comme le suggère le film *Drunk*[3]. Pourtant, il semblerait qu'il soit bien difficile de mener ce train de vie sans s'exposer à des conséquences délétères. Excès et prudence s'affrontent dans notre quotidien et chaque acte donnerait plus de poids à l'un ou l'autre.

Et si l'équilibre pouvait se trouver ? Et s'il était possible de déterminer le juste milieu ? D'atteindre un état de cohésion en total accord avec ses valeurs pour réduire ce dilemme sacré de la frustration ou de la culpabilité, de la santé ou du plaisir excessif.

La santé

Il n'y a pas la vie insipide et longue d'un côté, et la vie folle et courte de l'autre. La bonne réponse est la vôtre, celle qui vous parle.

Il peut s'avérer difficile de se focaliser exclusivement sur sa santé biologique. Cela demande un effort mental et social que beaucoup ne sont pas prêts à « faire », ou qu'ils n'ont tout simplement pas envie de « faire ». La culture occidentale des apéritifs, de la gourmandise sucrée, des festins familiaux, des nuits courtes… est difficile à taire. Ce livre s'adresse aux personnes qui souhaitent trouver le compromis au quotidien entre santé et plaisir, entre santé physique et santé sociale.

En effet, la santé ne se cantonne pas au « silence des organes[4] », autrement dit, l'absence de maladie ou d'inconfort ne rime pas forcément avec bonne santé. On peut définir la santé comme une ressource de la vie quotidienne qui permet, d'une part, de réaliser ses ambitions et de satisfaire ses besoins, et, d'autre part, d'évoluer avec son milieu ou de s'adapter à celui-ci, comme le définit la charte d'Ottawa en 1976. Selon Odoul[5], la santé serait un état d'équilibre où tout l'organisme fonctionne correctement, sans besoin d'apporter quoi que ce soit d'externe pour se sentir bien. Ces définitions permettent d'entrevoir la santé comme à la fois physique, physiologique et psychologique.

La santé physique se caractérise par la possibilité de réaliser nos actions du quotidien sans gêne et sans fatigue. Le corps est capable de s'adapter aux changements climatiques des saisons, de résister à quelques excès, sans tomber malade. En effet, les cellules sont programmées pour converger vers un état stable, appelé « homéostasie ». **Il s'agit d'une régulation permanente des constantes biologiques *via* différents leviers.** Le corps humain est en mouvement permanent, à la recherche d'un point de référence. Pour garantir cet équilibre, le corps détient des mécanismes d'adaptation et de défense. Deux éléments sont décisifs pour contribuer à la santé physique et à sa pérennité. **D'une part, il est intéressant d'identifier les leviers que le corps utilise pour revenir dans un état d'homéostasie après avoir subi un stress. D'autre part, il semble primordial de découvrir les mécanismes de défense qui facilitent la protection et l'auto-régulation de l'organisme face aux stress.**

Afin de se renforcer, les cellules ont également besoin de subir de légers stress occasionnels (froid, fatigue, jeûne), pas trop excessifs, leur permettant de revenir ensuite à l'état d'homéostasie. **Ce mécanisme de régulation s'appelle « loi de l'hormèse ».**

« *Ce qui ne me tue pas me rend plus fort* » (Nietzsche). Sortir d'un certain confort au quotidien peut s'avérer extrêmement bénéfique pour la santé et mieux garantir l'équilibre de l'organisme (excepté certains cas qui seront approfondis dans les chapitres).

Un corps en pleine santé est donc capable de s'adapter rapidement aux stimuli de l'environnement pour garantir un fonctionnement optimal permanent.

La santé mentale, quant à elle, correspond à un état de bien-être permettant à chacun d'affronter les difficultés de la vie et de contribuer à la communauté. Ici, les relations affectives sont donc importantes. Dans le contexte sociétal actuel, bon nombre de rituels culturels (les « apéros », les repas familiaux, les différentes célébrations, les nuits courtes…) sont devenus presque incontournables, mais sont susceptibles de nuire à la santé (physique comme mentale).

Selon l'INSEE[6], l'espérance de vie en France en 2022 est de 85,2 ans pour les femmes et de 79,3 ans pour les hommes. Selon le même institut, l'espérance de vie en bonne santé chute à 63,8 ans pour les femmes et 65,3 ans pour les hommes. Les femmes et les hommes passent en moyenne 15 à 20 ans de leur vie avec de potentielles souffrances, maladies, handicaps… Il est regrettable de ne plus être en possession de la santé psychique et physique pour profiter de sa retraite. Selon le rapport 2023 de l'OMS[7], 74 % des décès dans le monde toutes causes confondues viennent de maladies non transmissibles. Ce ne sont plus les guerres ou les famines, mais bien des

« maladies de civilisation » (terme expliqué dans « À votre santé ») qui tuent le plus. Il s'agit de différents troubles provenant de nos modes de vie modernes comme le diabète, le cancer, l'AVC... sans parler des souffrances du quotidien que beaucoup ressentent comme les migraines, les douleurs articulaires, la fatigue et l'anxiété chronique, les allergies, les problèmes métaboliques...

L'être humain moderne, notamment occidental, vit dans une ère où l'obésité tue plus que la famine. Homo sapiens s'est battu des centaines de milliers d'années pour manger à sa faim, désirant l'opulence, comme en témoignent des figurines de divinités obèses issues du paléolithique[8]. Maintenant que nous l'avons et que maintes souffrances associées apparaissent, nombreux font des régimes, courent... bref, essaient de retrouver un rythme préhistorique d'une certaine manière. Quelle ironie ! Les chasseurs-cueilleurs pré-agricoles, eux, étaient peu enclins à présenter des maladies dégénératives[9]. Les données s'accumulent et laissent à penser que nos ancêtres étaient vigoureux dans un environnement pourtant sauvage et hostile.

Notre passé peut-il nous aider à comprendre les enjeux d'aujourd'hui ? C'est l'objectif de ce travail qui se penchera sur l'évolution de notre santé prise dans sa triple composante, physique, psychologique et sociale. Les ancêtres de chacun ont survécu durant des centaines de milliers d'années dans des environnements naturels variés et changeants, voire hostiles, cela sans médicament, sans somnifère...

À l'épreuve de l'humanité, beaucoup de composants du quotidien sont très récents. Il est alors important de comprendre et d'apprendre de nouveau à utiliser les nombreux mécanismes issus de l'évolution qui peuvent avoir été oubliés, ou malmenés, et qui sont sûrement des clés de la santé actuelle.

Le sapiens moderne

Nous sommes des Homo sapiens, les derniers survivants de l'espèce des hominidés. La modernité se définit par la façon de vivre « avec son temps ». Le sapiens moderne, notamment occidental, adopte globalement un mode de vie contemporain, c'est-à-dire urbain, technologique, industriel…

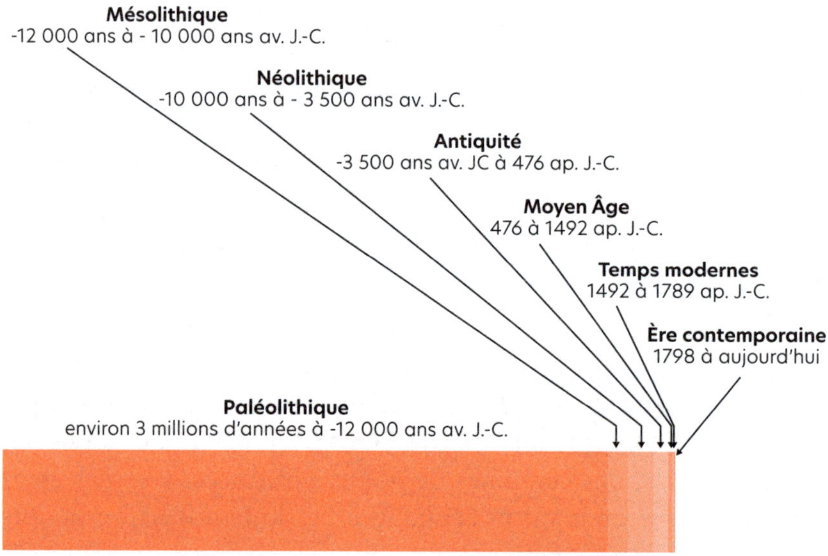

Cette frise ne représente pas les périodes historiques de façon proportionnelles, sinon, on ne distinguerait que la période du Paléolithique.

La révolution cognitive, datée d'au moins 70 000 ans, ainsi que la révolution agricole à l'origine de la sédentarisation (ère du néolithique il y a environ 10 000 ans), bouleversèrent le mode de vie de nos ancêtres. Une forme d'écart de progression s'est alors déclenchée :

D'un côté, la vitesse d'Usain Bolt symbolise le progrès culturel consistant pour lui en une accumulation de connaissances, de pensées et de patrimoines transmis entre êtres humains par l'oralité et non uniquement par les gènes.

De l'autre, la lenteur d'un escargot symbolise l'évolution biologique consistant pour lui en une modification progressive du bagage génétique transmis à ses enfants, induisant la physiologie et les comportements spontanés de l'espèce.

Cette inadéquation favorise grandement le développement des souffrances et des maladies dégénératives, car notre environnement (béton, alimentation ou encore pollution de l'air) s'est modifié plus vite que notre organisme conçu pour évoluer dans un milieu bien différent de celui d'aujourd'hui[10]. En particulier, nous verrons dans cet ouvrage que les changements depuis la sédentarisation de l'Homme furent tellement rapides que l'Homo sapiens s'est retrouvé « *propulsé dans un monde nouveau avec un cerveau ancien*[11] », ne laissant pas le temps au cerveau de se réorganiser. Ce dernier est neurologiquement et chimiquement programmé pour obtenir toujours plus de nourriture, de pouvoir, de relations… mais cela peut devenir excessif à notre époque où les ressources sont facilement accessibles.

L'évolution biologique se fait par des mutations de l'ADN. Ce sont des modifications ponctuelles, qui se conservent d'une génération à l'autre si elles nous ont permis de mieux survivre dans un environnement particulier, favorisant la reproduction et donc la transmission de ce nouveau bagage génétique[12]. Pour imager ces mutations, observons une girafe. C'est un mammifère herbivore né avec un cou un peu plus grand, lui permettant d'atteindre les feuilles des arbres qu'aucun autre animal ne pouvait manger. Avec moins de concurrence, elle a pu s'alimenter à sa faim, donc être plus vigoureuse pour se reproduire plus facilement. Sur une échelle de temps très longue, les mutations liées au grand cou permettaient toujours de survivre, dans une zone où la source alimentaire pour ces herbivores était massivement dans les arbres.

On se pense aujourd'hui très différents de nos ancêtres, mais de tout temps, les Hommes vivent, survivent, s'aiment, mangent, dorment, festoient, se reproduisent, et luttent pour survivre aux maladies et aux intempéries. Les secrets sont dans notre ADN, donc en nous. Les questions de l'alcool, des sources alimentaires antioxydantes, des façons de se soigner, de bien dormir... étaient proches de celles d'aujourd'hui. Les sociétés humaines ont toujours été pilotées par le besoin de se nourrir, de se reposer, de se fédérer, de profiter et de rester en bonne santé et vigoureux. Par ailleurs, les mutations spontanées de l'ADN ne seraient que de l'ordre de 0,5 % par « million » d'années selon le paléontologue L. Cordain. Sachant qu'Homo sapiens est apparu il y a entre 300 et 600 000 ans et que le sapiens plus moderne au niveau cognitif n'arrive qu'il y a 70 000 ans, cette évolution biologique semble infime sur l'échelle de l'humanité. Mais cela a laissé suffisamment de temps pour que l'être humain distingue plusieurs types de comportements vis-à-vis de son environnement. Finalement, il existe encore beaucoup de proximité avec nos ancêtres chasseurs-cueilleurs au niveau biologique par opposition à la distanciation observable dans le domaine culturel.

La culture est un comportement ou un savoir transmis par un apprentissage social généralement des plus anciens aux plus jeunes, qui se transmet de génération en génération avec des effets durables et un certain conformisme[13]. Sur les 10 000 dernières années, les experts révèlent que, sur le plan des comportements et des aptitudes, **l'évolution humaine s'est transmise beaucoup plus rapidement par la transmission culturelle que par les modifications génétiques.** Pour Lecointre, l'apprentissage social dépasse la mutation génétique[14]. En effet, le système d'attachement qui incite à un besoin de relations affectives a permis l'acquisition des relations sécurisées facilitant l'apprentissage social[15]. Cet instinct grégaire a facilité la survie et l'adaptation aux évolutions du milieu en permettant de s'entraider et de se transmettre les savoirs et savoir-faire. Cependant, durant des millions d'années, ces apprentissages sociaux n'évoluaient pas à grande vitesse, car la vie nomade en petite communauté limitait l'étendue des échanges, le nomadisme empêchant de « faire société[16] ».

Par ailleurs, c'est pour réussir à « faire société » que les humains ont développé une culture commune. Comme chez les chimpanzés, la communauté se scinde en plusieurs groupes au-delà d'un certain nombre de membres (évalué en général à une centaine), car il est impossible de créer des liens sécuritaires et d'avoir confiance en tout ce monde[17]. Dans ces conditions, des clans se fondent et le groupe se sépare ou s'affronte. Afin de préserver l'unicité culturelle de la tribu primitive, de nombreux êtres humains disséminés dans plusieurs communautés ont fait naître des mœurs, des rituels, des célébrations… C'est-à-dire une culture commune et un code de conduite pour s'assurer du bon vivre ensemble et de la fédération des peuples[16] : « *Alors que l'évolution (biologique) humaine suivait son cours d'escargot habituel, l'imagination construisait de stupéfiants réseaux de coopération de masse tels qu'on n'en avait encore jamais vu sur terre*[17]. » La pérennité des cités et des civilisations passait par cette culture partagée. Ainsi, sapiens a pu créer des villages, puis des nations et enfin une société mondialisée. Par exemple, pourquoi trinquons-nous avant de boire un verre ? L'explication remonte au Moyen Âge où l'on tapait fortement les verres pour mélanger les liquides, afin de s'assurer que si un verre était empoisonné, tout le monde le soit. Pour autant, nous continuons de le faire aujourd'hui alors que cette peur n'existe plus réellement, mais en souhaitant tout de même « bonne santé », vestige de la peur associée à la boisson empoisonnée. L'héritage culturel et ses évolutions se propagent plus rapidement qu'une mutation génétique, et continuent de se transmettre parfois, sans trop savoir pourquoi.

Ainsi, les civilisations ont intégré le partage de repas, la célébration de récoltes ou de naissances, et mis en avant que le travail pour le bien collectif était plus important que la santé individuelle, car le groupe et sa sécurité devaient passer avant l'individu. En 10 000 ans environ, sapiens a intégré des valeurs, des codes, des comportements, construits culturellement afin d'assurer une pérennité de la vie en collectivité. L'attachement à une communauté et le statut hiérarchique font partie des besoins primaires. Plusieurs études montrent que des chimpanzés qui ne se connaissent pas s'organisent immédiatement en communauté avec des hiérarchies[18], et que c'est encore plus exacerbé chez l'Homme. Gagner en statut dans la communauté génère une dose importante d'hormone agréable comme récompense : la dopamine. Le fonctionnement cérébral révèle à quel point il est difficile pour un Homo sapiens de s'écarter du groupe. Pour être accepté, il faut généralement suivre les codes et les règles de fonctionnement de cette société.

Le poids de la culture humaine est si considérable qu'il prime parfois sur la santé physique. L'espèce humaine, contrairement à beaucoup d'autres, peut réaliser volontairement des activités nocives pour sa santé dans un but de satisfaire des sensations de bien-être ou des rituels collectifs. En tant qu'animal essentiellement grégaire, c'est grâce à la force du groupe et de la communauté que nous avons pu survivre et évoluer ; le collectif jouant un rôle fondamental qui perdure encore aujourd'hui. Nous sommes conçus génétiquement pour vivre en société. Les Homo sapiens capables de collaborer étaient plus à même de faire perdurer l'espèce. Les solitaires avaient peu de chance de survivre et encore moins de se reproduire. La collectivité et la communauté ont toujours été au centre de la vie humaine depuis cette époque, et aujourd'hui, festoyer, boire, manger, dormir peu pour aller travailler, stresser pour ses relations familiales, amicales, professionnelles sont en partie nos moyens de contribuer à notre communauté. Mais cela se fait parfois au détriment de notre santé corporelle et psychique et augmente les risques de danger « physique ». Au contraire, fuir les traditions et la culture humaine générale engendre un risque « social » supplantant parfois les capacités biologiques de l'individu. En effet, « *la culture est l'héritage social des groupes humains* » selon M. A Selosse[19], elle tend à prendre autant, voire plus de place, que l'héritage biologique.

Pour éviter tout malentendu, l'idée n'est pas de retourner chasser et de vivre dans des grottes ou sous des tentes, mais d'identifier le dilemme entre les besoins du corps et ceux de l'esprit. Au lieu de vouloir détruire ces traditions et ces mécanismes collectifs, il semble plus sage de prendre le parti d'accompagner ceux qui sentent cette tension. Ce dilemme s'installe à tous les niveaux, individuels et collectifs. Ce livre s'adresse à ceux qui n'arrivent pas à dormir, à ceux qui ne veulent pas dormir pour profiter de cet instant, à ceux qui culpabilisent d'avance de ce repas, mais en salivent, à ceux qui regrettent le lendemain d'avoir abusé de l'ivresse… et surtout à tous ceux qui ne se sentent pas de changer radicalement de comportement, car ils aiment leur vie. Se sentir bien dans son corps et se sentir bien avec son entourage n'est pas forcément opposé. Le but de cet ouvrage est de partager au lecteur un ensemble d'outils qui regroupe tout un éventail de disciplines : la biologie, l'anthropologie, les sciences humaines, la science génomique, la médecine intégrative, la physiologie, l'évolutionnisme, l'histoire naturelle… et un ensemble d'expériences personnelles. Cela dans le but d'une part de comprendre le fonctionnement de l'organisme, et d'autre part d'intégrer divers conseils pour trouver son équilibre.

Le but de ce livre : gagner au jeu de la vie

Pour la santé comme pour la culture, nous ne sommes pas tous égaux. En effet, nos prédispositions génétiques peuvent nous faire jalouser ce copain qui mange ce qu'il veut sans prendre un gramme, qui ne se blesse jamais, qui n'est jamais fatigué avec 5 heures de sommeil... Il en est de même au niveau culturel, l'éducation de nos parents nous inscrit dans des routines plus ou moins bénéfiques pour notre santé. Et c'est à partir de ce constat que ce livre pourra vous aider. Puisque chacun est différent, c'est dans la diversité des conseils apportés et dans la facilité à se les approprier que chacun peut trouver les astuces qui lui conviennent. Nous considérons la vie comme un jeu de cartes pendant une partie de poker. Nous ne naissons pas tous avec une paire d'as. Pourtant, si on apprend à jouer au jeu de la vie, on peut gagner avec un deux et un quatre, ou perdre avec une paire d'as si l'on est maladroit. Ce livre est un guide pour apprendre à gagner, peu importe la main, dans le jeu de sa vie. Pour cela, nous allons allier au mieux nos besoins vitaux propres à l'ère contemporaine en nous inspirant de remèdes naturels et adaptés à notre organisme. Nous tirerons les meilleures leçons du modèle ancestral de sapiens sans le prendre comme unique calque. Le peuple occidental a perdu une grande partie des savoirs ancestraux et des « astuces de grand-mère » qui se transmettent à travers les âges[20]. Nous avons alors étudié les pratiques anciennes pour en retirer le meilleur à intégrer dans nos usages modernes. Les astuces que vous allez découvrir répondent toutes à quatre principes :

- Prévenir et enseigner : ce livre permet de comprendre les mécanismes biologiques concernant l'alcool, l'alimentation, le sommeil et l'immunité.
- Des remèdes naturels : pour ne pas nuire, nous vous proposons des solutions naturelles et saines, qui ont fait leurs preuves dans

le temps, contrairement à des produits de synthèse dont les effets thérapeutiques peuvent être sujets à caution.

- Facile d'accès et d'application : tous nos propos sont réalisables et peuvent se pratiquer quasi immédiatement. Nous parlerons de petits gestes du quotidien qui, mis bout à bout, vont vous permettre d'être en pleine forme en toutes circonstances. Dans ce livre, vous ne trouverez pas de « remèdes magiques », nécessitant d'acheter des « parties aériennes fleuries de fumeterre », mélangées à un « poil incarné de fesse gauche de babouin », introuvables dans le commerce ou alors à un prix ahurissant !
- Miser sur l'autoguérison : ces propos accompagnent les mécanismes naturels de l'organisme, mais ne les remplacent pas, ou ne les font pas taire. Tout organisme vivant possède son propre pouvoir de guérison. Un arbre qui se fait taillader va être capable de cicatriser pour régénérer son écorce et se protéger ainsi des champignons. Il en est de même pour le corps humain. Nos ancêtres chasseurs-cueilleurs se soignaient en partie grâce aux plantes, à l'eau, à leur respiration, grâce à de nombreux éléments présents dans leur environnement. La science permet de sélectionner le meilleur de ces remèdes.

Pour finir, ces astuces vont vous permettre de vous rapprocher le plus possible du point d'équilibre entre vie naturelle et vie culturelle, mais ne vous méprenez pas, ce livre ne cherche pas non plus à pousser à la consommation. Le but n'est pas de boire en pensant ne jamais avoir la « gueule de bois », de se « goinfrer » en pensant éviter diabète ou obésité, et de dormir 4 heures par nuit en pensant ne jamais tomber malade. Ce livre cherche plutôt à vous délivrer tous les mécanismes physiologiques interférant lors de l'ivresse, de l'alimentation, du sommeil et du système immunitaire, afin de vous sensibiliser tout en misant sur des astuces saines et naturelles pour éviter les troubles corporels.

Comme Loreau, nous considérons que le bonheur ne se situe pas dans la poursuite effrénée des désirs : « *Pour éprouver du plaisir, il doit être occasionnel. Nous sommes entourés de plaisir immédiat, ce qui nous procure frustration car c'est fugace*[21]. » Un regard plus éclairé permet des pratiques conscientes et choisies.

Selon l'allégorie de la caverne de Platon, ce que l'on croit vrai est notre interprétation de la réalité. Laissez-vous embarquer dans ce voyage aux multiples frontières. Que l'esprit s'ouvre à d'autres visions du monde.

Au programme de ce livre

Nous aborderons trois thématiques qui peuvent intéresser une grande partie de la population occidentale :

État de mal-être post-alcoolisation dans le premier chapitre : Gueule de bois – *Profiter sans regretter le lendemain*

L'alcool, très largement consommé depuis les premières civilisations, a notamment permis de rendre l'eau potable. Aujourd'hui, la culture de l'ivresse et des boissons alcoolisées est plus hédoniste que sanitaire. Loin de pousser à la boisson, l'idée est de comprendre les mécanismes physiologiques, hérités de notre évolution, pour mieux cerner les conséquences et les moyens de réduire les gênes occasionnées.

Ceux qui ne boivent pas d'alcool sont tout de même invités à découvrir les informations de ce chapitre, notamment pour recevoir des éclairages utiles pour les autres chapitres, mais aussi pour devenir un SAM plus averti.

État de mal-être post-repas dans le deuxième chapitre : Gueuleton – *Savourer sans se détruire la santé*

Manger est une pratique quotidienne. Dans la majorité des cultures, il y a des pratiques qui amènent à manger beaucoup, notamment des aliments très caloriques. Que ce soit une rencontre familiale, une inauguration, un mariage, un baptême, le ramadan, Noël, un repas d'affaires, ou simplement un repas devant la télé… Il y a des mécanismes à découvrir et des conseils à prendre afin d'améliorer son alimentation au quotidien, et lors de repas exceptionnels. Ces conseils ne gâcheront jamais la fête.

État de mal-être pendant la nuit ou au réveil dans le troisième chapitre : Sommeil de plomb – *Trouver les bras de Morphée*

Dormir représente presque 1/3 de notre vie. C'est une facette de notre santé et de nos pratiques culturelles très importante. En France, la culture occidentale de performance amène souvent à rentrer tard, à être anxieux… La vie de famille, les relations amicales, ainsi que les tentations télévisuelles pénalisent le sommeil et rendent les lendemains difficiles. Il y a de multiples façons d'améliorer la qualité et la quantité de sommeil pour déborder d'énergie.

Une dernière partie trouvera sa place en fin de livre. En complément des trois premiers chapitres, elle servira de pilier à appliquer au quotidien pour être en pleine santé, car c'est quand on est plein de vitalité que l'on peut vraiment profiter de sa vie. Libre à vous de la lire avant les trois autres si vous souhaitez avoir toutes les astuces pour une immunité implacable avant de parler des excès.

La santé, la clef pour vivre sa vie comme on l'entend : À votre santé – *Une immunité qui permet d'accueillir les excès*

Se sentir en forme et résistant est un des pilotes de nos vies. Nous consommons, respirons et utilisons bon nombre de molécules que l'organisme peine à éliminer ou qui interfèrent dans les combinaisons chimiques. Le système immunitaire est une armée affûtée qu'il faut encourager, soutenir et entraîner pour garantir une protection efficace afin d'éviter d'être cloué au lit.

Mode d'emploi du livre

Chaque chapitre est scindé en deux parties, l'explication des mécanismes d'une part, puis les conseils sur la thématique en question d'autre part. Les conseils sont classés en trois temporalités :

- « Avant » : pour préparer l'organisme ;
- « Pendant » : pour optimiser l'instant et limiter les dégâts ;
- « Après » : pour aider l'organisme à se régénérer.

Ce symbole signifie que l'on réalise un parallèle avec nos ancêtres pour mieux comprendre le quotidien et le fonctionnement de notre organisme.

GUEULE DE BOIS

PROFITER SANS REGRETTER LE LENDEMAIN

« Pour avoir la gueule de bois,
il faut arrêter de boire »

KILMISTER

« Ma gueule de bois ferait passer
Pinocchio pour un vrai p'tit garçon »

ORELSAN

Le B.A.BA

Bien évidemment, l'alcool est dangereux pour la santé. Une consommation fréquente est responsable de nombreux décès et pathologies. Il est lié à environ 10 % des décès de 15 à 49 ans dans le monde[22]. Une consommation fréquente est responsable de nombreuses pathologies aussi bien aiguës que chroniques. De plus, son aspect addictif le rend dangereux, car le cerveau s'y accoutume, créant ainsi un besoin impérieux et une tolérance prononcée augmentant alors la consommation. L'idéal est d'en consommer le moins possible et à petites doses. Pour cela, Santé Publique France recommande que « *L'alcool, c'est maximum deux verres par jour, et pas tous les jours*[23] ». Toutefois, 25 % des adultes français dépassent les repères de consommation[24] et la France se situe au 4e rang des plus gros consommateurs d'alcool de l'OCDE[25]. Ainsi, il semble nécessaire d'éclaircir les mystères de cette appétence culturelle à la boisson alcoolisée pour pouvoir prodiguer les conseils propres à réduire les risques liés à l'alcool.

Comprendre la gueule de bois

Qu'est-ce que la gueule de bois ?

Veisalgie, c'est le terme pour qualifier cette sensation migraineuse et douloureuse d'un lendemain de soirée arrosée. Elle se déclenche lorsque l'alcoolémie se rapproche de 0. Eh oui ! **Ce n'est pas l'alcool qui génère directement ces douleurs, c'est l'élimination de l'alcool par l'organisme.** Les effets se feront ressentir le lendemain, car ils apparaissent entre 6 et 8 heures après la fin de l'absorption de notre dernier verre et proportionnellement à la quantité d'alcool ingérée.

D'où provient notre consommation d'alcool ?

Homo sapiens a un sacré passif avec l'alcool.

Tous les alcools sont élaborés à partir d'un élément végétal. Le gin vient de la baie de Genièvre, la vodka vient de céréales ou de pommes de terre, le rhum vient de la canne à sucre… C'est donc la fermentation de ces éléments qui génère naturellement la transformation du sucre en éthanol. À l'époque de nos ancêtres bien lointains, certaines périodes de sécheresse les ont contraints à consommer les fruits au sol ayant commencé à pourrir et à fermenter. Pour Berthou, les survivants seraient ceux qui parvenaient à ne pas mourir intoxiqués par la molécule d'éthanol et à conserver leurs capacités motrices et cognitives pour ne pas devenir des proies faciles en titubant sur le chemin, ou en tombant de l'arbre[26]. La capacité de digérer les produits fermentés générant de l'éthanol aurait donc contribué à la survie de notre espèce[27].

D'ailleurs, selon McGovern[28], l'alcool est l'un des facteurs principaux qui incitèrent Homo sapiens à cultiver les sols et à se sédentariser. Les premiers produits agricoles étaient utilisés sous

forme de breuvage, notamment alcoolisé. Le passage à l'agriculture aurait été motivé non pas par la faim en priorité, mais par le besoin de produire régulièrement des fermentations végétales pour des boissons alcoolisées. Même si ça ne fait pas de cette information une vérité absolue, beaucoup d'indices laissent à penser que notre espèce avait déjà un penchant pour l'alcool.
Ainsi, même si Homo sapiens n'est pas le seul à pouvoir consommer des fruits fermentés et alcoolisés, c'est sûrement le seul qui y ait développé une réelle culture, contrairement, par exemple, à des grives saoules avec des grains de raisin trop mûrs. Les seuls ? Même si on ne peut parler ici de réelle culture de l'alcool, une récente étude chez des chimpanzés sauvages du parc national de Cantanhez, en Guinée-Bissau[29], a révélé que ces derniers avaient développé un penchant pour l'apéro ! L'importance des temps de convivialité alimentaire ou d'hygiène chez ces primates pour souder la communauté avait déjà été bien prouvée. Mais cette étude nous révèle une nouvelle tradition. La communauté se retrouve fréquemment autour d'un gros fruit de l'arbre à pain, de la taille d'un ballon de volley-ball, pouvant fermenter naturellement et générer de l'éthanol. Alors que beaucoup de ces fruits en pleine fermentation gisent au sol, c'est autour du même que plusieurs chimpanzés se retrouvent pour partager ce moment de légère ivresse. Ce comportement observé commence à être croisé avec celui d'autres singes, ce qui génère de fortes hypothèses sur le fait que la capacité à digérer l'éthanol remonte aux ancêtres communs des primates. Cela révèle surtout que ce temps de convivialité alcoolisé serait un vecteur de lien social ancestral, que nous partageons entre cousins. Penser alors que la tournée de bière en terrasse est une pratique conditionnée depuis des millions d'années, probablement favorable à la survie nutritionnelle et au maintien de la communauté, peut donner le vertige ! Loin de prôner le fait que boire de l'alcool sauverait l'humanité, il n'en est pas moins déconcertant d'en comprendre la profondeur et son ancrage dans notre culture. D'une certaine manière, cela éclaircit peut-être mieux la difficulté que beaucoup vivent à vouloir s'en couper.

À quel moment de l'histoire sommes-nous passés de fruits fermentés au sol à des breuvages élaborés ? Il est intéressant de remarquer que les traces les plus anciennes de vin connues aujourd'hui ont été retrouvées en Iran dans un récipient en terre cuite datant de 5500 ans. Il est vrai que 3000 ans av. J.-C., les Égyptiens exportaient déjà du vin et de la bière[30]. Il est amusant de lire dans le papyrus Ebers (début de la XVIIIe dynastie) la mise en garde suivante : « *Attention, si tu fréquentes trop les tavernes du bord du Nil et que tu consommes trop de bière demain tu auras mal… aux cheveux* » (comprendre à la tête, mais dans le papyrus il s'agit bien de cheveux), ce qui démontre entre autres la qualité de la démarche sémiologique des prêtres/médecins égyptiens. La désinhibition liée à l'alcool a favorisé le tissage du lien social dans les premières civilisations, voire avant comme nous avons vu plus haut, devenant un catalyseur de relation[31]. L'alcool, notamment la bière, breuvage retrouvé dans quasiment toutes les civilisations, y a pris une place importante. Il existe même une légende dans l'Égypte antique racontant que l'alcool avait permis de sauver les hommes. Les Sumériens, eux, avaient une déesse de la bière, sans parler de Dionysos chez les Grecs, de Bacchus chez les Romains, du vin rouge symbolisé comme le sang du Christ, d'Odin qui ne buvait que du vin et de la bière…

La sédentarisation de l'Homme incita la création de villages et notamment de communautés plus vastes que celle des peuples nomades. Il était alors difficile de se fier à la multitude d'inconnus qui partageaient notre environnement. L'alcool a contribué, au même titre que les repas, à créer du lien et de la confiance entre « étrangers ». Jusqu'à encore récemment, l'alcool, comme la bière ou le vin, servait de collation aux ouvriers de chantier dès le matin et était servi dans les cantines pour les enseignants… et même les enfants jusqu'en 1956. La boisson alcoolisée ne date pas d'hier et est encore culturellement très présente malgré les campagnes de santé publique.

Que se passe-t-il lorsqu'on boit de l'alcool ?

L'alcoolémie, c'est-à-dire le taux d'alcool qui circule dans le sang, est proportionnelle à la quantité d'alcool bue. L'alcool que l'on consomme est essentiellement composé d'éthanol. Le pourcentage d'alcool écrit sur l'étiquette dépend du taux d'éthanol présent dans les bouteilles. Les 40 % veulent tout simplement dire que sur 75 cl, il y a 40 % d'éthanol, donc 30 cl.

Le taux d'alcool dans le sang est proportionnel à la quantité d'éthanol ingérée évidemment, mais aussi à la taille, l'âge, le sexe, une pathologie ou encore peut être lié à des facteurs d'hérédité. De ce fait, la gueule de bois va dépendre de ces paramètres, ainsi que de l'état de stress ou la fatigue du moment. Cela explique que d'une personne à l'autre, pour une même quantité d'alcool absorbée, la réaction de l'organisme va être différente.

Quel chemin l'alcool emprunte-t-il ?

L'alcool, après un passage rapide dans l'estomac s'il est consommé à jeun, est rapidement absorbé au début de l'intestin grêle et passe dans le sang par la veine porte (veine menant au foie). Ce n'est qu'après un premier passage dans le foie où une partie de l'alcool est détoxifiée qu'il gagne la circulation générale et inonde le cerveau, le cœur, la rate, les reins... jusqu'aux produits d'excrétion (salive, lait maternel, urine...).

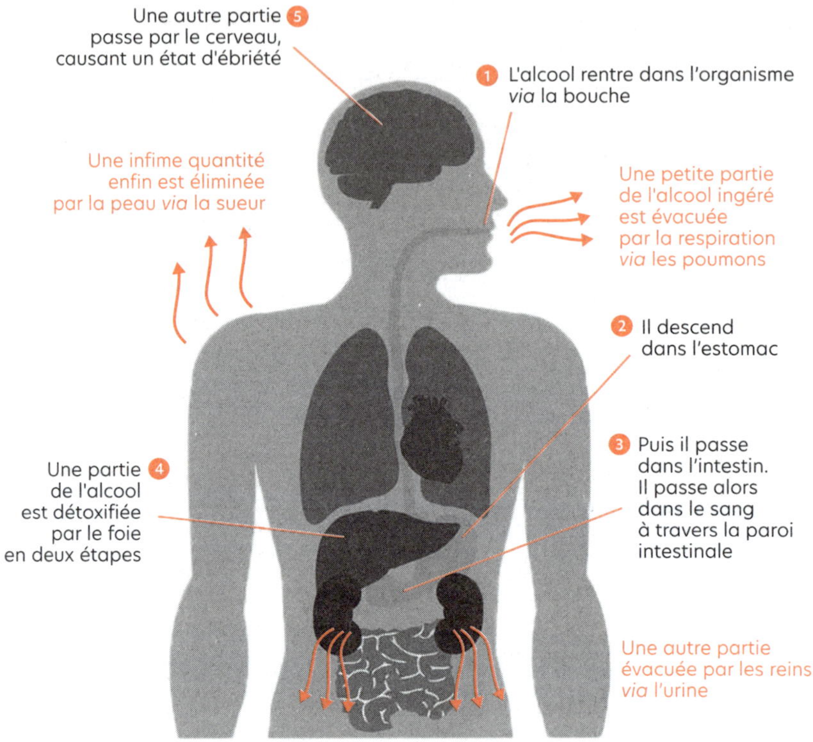

À la suite d'une ingestion d'alcool, le pic d'alcoolémie se produit entre 15 minutes, si nous sommes à jeun, et 1 heure. L'absorption intestinale peut être encore accélérée si l'alcool est associé à des sucres. À dose d'alcool identique, le mélange de sirop de canne avec du rhum provoque un pic d'alcoolémie plus important que du rhum consommé pur.

Comment le corps traite-t-il l'alcool ?

Grâce au foie. Cet organe représente seulement 2 % du volume du corps, pour une utilisation de 20 % de l'énergie disponible. Il est très vascularisé, ce qui lui permet de filtrer 1,5 L de sang par minute. La fonction vitale de filtration et détoxification de l'organisme est celle qui nous intéresse ici.

Pour éliminer les molécules toxiques, appelées *xénobiotiques* (ce qui veut dire « molécules étrangères à la vie »), le foie utilise le stress oxydatif.

LE STRESS OXYDATIF[32]

Les mitochondries composent nos cellules et ont comme principale vocation de fournir de l'énergie à ces dernières pour fonctionner. Nous mangeons et respirons pour apporter du dioxygène et des glucides aux mitochondries, leur permettant de générer l'énergie nécessaire aux cellules. Des « déchets » sont naturellement produits lors de la création de cette énergie. Il s'agit du fameux CO_2, mais aussi d'Espèces radicalaires oxygénées (ERO), appelés aussi radicaux libres. Ces derniers sont responsables du stress oxydatif.

En effet, ce sont des molécules instables et réactives qui cherchent à voler les électrons des molécules voisines, perturbant l'équilibre chimique de la cellule. De ce fait, le corps neutralise ces molécules au plus vite pour éviter les dégâts.

Le stress oxydatif est essentiel à la vie[33]. Il est vital à la fécondation, au système immunitaire, à la détoxification hépatique ou encore à la capacité de progression physique, physiologique et nerveuse. L'organisme se sert des ERO pour tuer des agents pathogènes, il s'en sert aussi pour dénaturer les molécules toxiques...

Finalement, le stress oxydatif est indispensable pour s'adapter à l'environnement, mais fatal en cas d'emballement. En effet, lorsque le stress oxydatif commence à s'emballer, il vient endommager l'ADN et le vieillissement cellulaire[34]. La cellule déclenche alors une apoptose (son suicide) pour éviter une anomalie génétique.

Ce mécanisme est vital et l'organisme est préparé à répondre à un stress oxydatif[35]. Par son action antioxydante, il est capable de stabiliser les ERO avant qu'ils ne soient trop nombreux. Et heureusement, sinon le moindre stress comme courir pour se déplacer pourrait être fatal. Cependant, les facteurs d'oxydation supplémentaires, comme l'alcool, la cigarette, les médicaments, les composés de l'air pollué, créent des emballements. La fonction antioxydante est dépassée et ne peut plus faire face à tant de stress oxydatif. Par exemple, la fumée de cigarette vient épuiser rapidement jusqu'à 50 % des réserves en vitamine C (un puissant antioxydant)[36]. Lorsque les ERO ne sont pas arrêtés, ces molécules réactives désorganisent la chimie cellulaire et viennent même casser les brins de l'ADN, ce qui peut générer des mutations (c'est pourquoi elles se suicident pour éviter que ces mutations se divisent et se répandent). Ces altérations augmentent les risques de problèmes de santé (cardiovasculaires, neurodégénératifs, métaboliques…), de mort cellulaire (vieillissement), de mutations (cancer)…

Vous l'aurez compris, l'oxydation est normale, voire essentielle, mais lorsque le stress oxydatif amène plus de radicaux libres que l'organisme peut en accepter, cela génère des emballements dangereux pour l'organisme[37]. La fonction antioxydante est composée de mécanismes internes, mais aussi d'autres molécules provenant de l'alimentation.

Plus on s'expose à un stress oxydatif excessif (alcool, cigarette, pesticides…), plus cela réduit l'efficacité des protections antioxydantes. Il est donc important, d'une part, de limiter les causes de stress oxydatif et, d'autre part, d'affûter et d'alimenter ses protections antioxydantes.

Confronté à un xénobiotique, le corps réagit de façon à se protéger. L'éthanol doit être dégradé le plus rapidement possible afin de réduire son temps d'action néfaste dans l'organisme. Les systèmes émonctoire sont mis en route pour éliminer les déchets organiques :

- les poumons avec la respiration (ce qui explique pourquoi on fait souffler dans le ballon) ;
- la peau avec la transpiration ;
- les reins avec l'urine ;
- le gros intestin avec les selles ;
- et le foie, dont le rôle est de transformer l'alcool en une molécule moins toxique.

Même si la molécule d'éthanol est toxique, le corps humain peut la traiter (et ainsi la consommer) pour trois raisons : le métabolisme est capable de l'absorber, il existe des récepteurs cérébraux susceptibles de la reconnaître, le foie est capable de la cataboliser (dégrader), ce qui aboutit à une production abondante de lipides (graisse). Ces processus existent chez tous les vertébrés, y compris les poissons, les oiseaux (utilisés pour leur foie gras), et naturellement les mammifères.

L'évacuation de cette molécule va dépendre de son catabolisme hépatique (dégradation par le foie) grâce à l'enzyme ADH (alcool déshydrogénase). Il s'agit d'une enzyme dont la concentration augmente parallèlement à la consommation d'alcool, mais dont les capacités de synthèse sont excessivement variables d'un individu à l'autre. Généralement, l'ADH peut détoxifier un verre par heure. L'éthanol ingéré est transformé en éthanal (appelé aussi acétaldéhyde), une molécule hautement toxique qui va augmenter le stress oxydatif, détruire de nombreuses cellules du foie et libérer des Gamma GT (marqueurs spécifiques des maladies hépatiques)[30].

Une fois la molécule d'éthanol changée en éthanal, l'enzyme ALDH (acétaldéhyde déshydrogénase) va permettre la transformation de cette molécule en acide acétique, pouvant être éliminée par l'organisme.

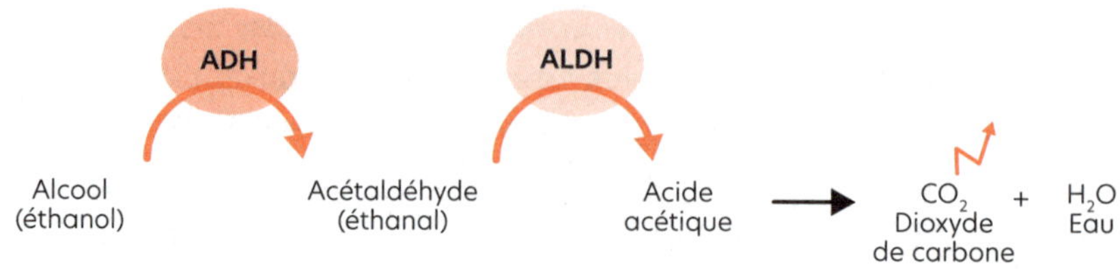

Le premier problème est que notre stock d'enzymes ADH et ALDH n'est pas illimité. L'organisme recrée ces enzymes à partir de l'alimentation. Il va donc être important d'aider le corps à recharger ses cartouches en consommant des produits optimisant leur production, comme la poire ou la tomate.

Le deuxième problème est que la molécule d'éthanal créée à la fin de la phase 1 est tout aussi toxique que l'éthanol, voire plus. Cela signifie que durant toute la durée de traitement de cette molécule, l'organisme, et plus particulièrement les cellules, est soumis à un fort stress oxydatif. Pour contrecarrer ce stress, il va donc être important d'aider les protections antioxydantes du corps.

Le troisième problème est que l'organisme peut améliorer l'efficacité de la phase 1, mais pas de la phase 2. Cela signifie que la phase 1 du foie s'améliorera avec le temps, permettant à l'éthanol d'être vite dénaturé. En revanche, le temps de phase 2 reste globalement similaire, ce qui génère une accumulation et une stagnation d'éthanal dans l'organisme, aux effets ravageurs. Plus on boit, moins on sent les effets de l'alcool, car son composé actif, l'éthanol, est plus rapidement métabolisé par le foie. Il faudra alors boire plus pour ressentir les mêmes effets d'enivrement. La quantité d'éthanal augmentera alors, sans que notre capacité à l'oxyder, elle, puisse aller plus vite. Cela va engendrer une accumulation importante d'éthanal, vectrice de stress oxydatif important et de dégâts cellulaires, notamment au niveau du foie et du cerveau[35].

Le stress oxydatif important généré pour dégrader l'éthanol altère les fonctions mitochondriales qui finissent par générer elles-mêmes plus de stress oxydatif par leur dysfonctionnement. C'est le cercle vicieux de la consommation excessive chronique.

Il est important de considérer que les dommages mitochondriaux induits par l'alcool sont particulièrement importants durant la période intra-utérine (dans le ventre de la mère) et durant l'adolescence. Limiter fortement la consommation d'alcool avant l'âge adulte permet d'avoir un système de protection mature et de réduire les risques de morts cellulaires, et les emballements associés.

UNE INFO, ANECDOTE-HIC : PAS TOUS ÉGAUX !

La capacité de l'ADH à métaboliser plus ou moins rapidement l'alcool se transmet de façon génétique. Elle se traduit en langage populaire par le « dans la famille on tient le coup » ou le « je suis tout de suite saoul ». Les mutations génétiques divisent les populations en deux groupes distincts :

- Chez les sujets présentant une forte activité d'ADH, le métabolisme hépatique est rapide, le taux d'alcool dans le sang baisse rapidement. En revanche, la formation d'éthanal augmente les graisses stockées par le foie, provoquant la classique « stéatose », littéralement « foie gras ». C'est le premier stade de la cirrhose. La baisse rapide du taux d'alcool limite les effets neurologiques (griserie de courte durée), poussant le sujet à poursuivre sa consommation jusqu'à l'installation d'un effet de dépendance.
- Chez les individus présentant une faible activité d'ADH, l'alcoolémie reste élevée beaucoup plus longtemps, protégeant d'une certaine manière le foie. L'enivrement est obtenu pour une dose moindre d'alcool, les effets neurologiques souvent « explosifs » sont rapides et durables. Cet état peut être redouté du fait des effets secondaires désagréables (la gueule de bois).

Contrairement à nombre de populations indo-européennes, les individus d'origine asiatique sont caractérisés par la faible activité de l'ADH. Cette particularité, utilisée par les premiers pionniers américains lors de la conquête de l'ouest, a favorisé le génocide indien perpétré à grandes rasades « d'eau de feu ». Tout cela parce que l'activité de l'ADH était moins élevée.

Les causes de la gueule de bois

Pour identifier les causes, définissons déjà les ressentis de la veisalgie. Parmi les symptômes principaux[38] se trouvent : des maux de tête, une fatigue générale, de la soif, des difficultés de concentration et de mémorisation, des crampes musculaires, une sensation de mal-être ou encore une sensation nauséeuse et/ou d'acidité gastrique.

Les trois causes principales

Nous venons de comprendre que le traitement de l'alcool par le corps est une cause directe de la veisalgie. En effet, c'est lorsque la molécule d'éthanal est présente dans le corps que la gueule de bois est la plus intense. Mais ce n'est pas la seule cause de notre mal-être. Le lendemain de soirée, l'organisme est extrêmement fragilisé de la veille : le peu de sommeil l'a affaibli, le foie est encore débordé, et l'estomac est irrité. Le métabolisme est en difficulté.

Trois origines principales de ce mal-être du lendemain (céphalées, fatigue intense, nausées...) peuvent être distinguées :

- accumulation d'éthanal dans le corps, due au traitement de l'éthanol ;
- déshydratation et déminéralisation ;
- dette de sommeil réparateur.

Accumulation d'éthanal

En plus des dégâts potentiels sur le foie, cette molécule endommage le cerveau. Les maux de tête, appelés céphalées, sont la base du symptôme très désagréable de la gueule de bois. Ils sont liés à l'éthanol, et sa version intermédiaire, l'éthanal.

Cette barre au crâne, suivie parfois de sensations migraineuses (une douleur lancinante au niveau du front ou des tempes, avec une sensation de pression ou de pulsation), est liée à ces agents toxiques, réputés pour déclencher une neuro-inflammation[39,40] dans le cerveau. En entrant dans le système nerveux, ces molécules toxiques génèrent un stress oxydatif, déclenchant une inflammation. Les messagers qui informent l'organisme de ce problème sont aussi pour une part responsables de la sensation de douleur. L'éthanol peut donc déclencher une inflammation semblable à celle d'une migraine, d'où les symptômes communs.

L'éthanol agresse les parois du système digestif et génère aussi une inflammation de l'estomac et de l'intestin. Il n'est donc pas étonnant de ressentir une acidité au niveau du ventre ou une sensation de nausée un lendemain de soirée.

Déshydratation et déminéralisation

La sensation de soif, le mal de crâne et les douleurs musculaires sont aussi fortement liés à la déshydratation et à la déminéralisation du corps. Lorsque l'on boit de l'alcool, cela perturbe les fonctions diurétiques de l'organisme, c'est-à-dire la gestion de l'eau dans le corps et l'élimination des déchets par l'urine. L'hormone ouvrant les vannes se retrouve hyper stimulée, puisque le corps a de nombreuses toxines à évacuer, alors que l'hormone retenant l'eau dans le corps est inhibée. En manque d'eau, notre corps se retrouve obligé d'aller en chercher ailleurs, comme dans le cerveau ou les muscles. On observe alors une réduction de la taille des méninges et des muscles, ce qui participe à l'inconfort du lendemain.

Vous avez déjà peut-être remarqué que lorsque nous buvons de l'alcool, nous urinons beaucoup et souvent. Cela peut même nous donner l'illusion que nous sommes bien hydratés puisque notre urine est translucide, ce qui est contraire au processus de déshydratation en cours. Sachant que notre corps comprend environ 60 % d'eau[41], il faudrait plutôt s'inquiéter de cette déperdition. Mais l'organisme, en état d'urgence, cherche à éliminer le produit toxique avant tout.

L'eau permet notamment les échanges et les circulations d'éléments dans le corps. L'équilibre du niveau d'eau est essentiel, car cela contribue à de nombreux paramètres biologiques[41], par exemple :

- composer les cellules des tissus biologiques et de tous ses composants comme le cerveau, la moelle épinière, les muscles, les viscères, et cela lubrifie les articulations ;
- permettre la circulation de substances dans le corps (sang, lymphe…) et entre les cellules ;
- permettre aux nutriments de passer les parois des cellules ;
- permettre l'élimination des déchets métaboliques et toxiques à travers l'urine ;
- faciliter de nombreuses réactions chimiques du métabolisme ;
- réguler la température corporelle.

L'eau, source de vie

La règle des trois en survie illustre l'importance de l'hydratation. En moyenne, on peut tenir :

- 3 minutes sans respirer
- 3 heures sans abri
- 3 jours sans boire
- 3 semaines sans manger
- 3 mois sans lien social

L'hydratation est fondamentale et permanente. C'est d'ailleurs pour cela que les premières grandes civilisations urbaines se sont développées le long de cours d'eau, comme l'Égypte avec le Nil ou la Mésopotamie avec l'Euphrate[41]…

Selon Kieffer[42], une déshydratation de 2 % provoque immédiatement des symptômes de fatigue, d'essoufflement, de changement d'humeur, de baisse de concentration et presque un quart des performances musculaires. Les mucus s'épaississent tout comme le sang, ce qui demande plus d'efforts au cœur pour battre et le propulser (favoriser l'hypertension), limitant la mobilité du sang dans les artérioles et petits capillaires artériels, les plus impliqués dans l'apport d'oxygène et de nutriments aux cellules. L'eau est réabsorbée dans les selles en préparation, ce qui augmente la constipation, la peau est plus sèche et sensible aux irritations et allergies.

Chaque jour l'organisme perd entre 2 et 3 L d'eau naturellement par la sueur, l'urine, les mouvements intestinaux et l'air expulsé. Lorsqu'on a soif, il est en fait déjà trop tard, le signal d'alarme d'urgence a sonné. Le corps opère dans l'inconscient (respirer, digérer…) et lorsqu'un besoin vient dans la conscience (« j'ai hyper soif ! »), c'est qu'il est déjà en grande difficulté. Il commence alors par demander aux reins de renvoyer plus d'eau dans le sang et moins dans les urines, ce qui explique le jaune intense, ou la sensation de brûlure. Une urine fluide et claire est plutôt signe d'un bon niveau d'hydratation.

Quand cet état de défense ne suffit plus et que l'urgence se fait, l'organisme envoie le signal de soif au cerveau, mais en moyenne, cela fait déjà 1 heure que vous êtes affaibli par le manque d'eau.

De plus, la perte hydrique favorise la fuite de minéraux vitaux pour le fonctionnement du corps. Leur carence est responsable des douleurs musculaires et des crampes du lendemain. Les électrolytes sont en fait des sels minéraux présents dans le sang, comme le potassium ou le magnésium, et ont des rôles complexes et vitaux dans le fonctionnement de l'organisme. L'alcool augmente la fuite de magnésium, qui est essentielle pour avoir de l'énergie. Il est alors utile de consommer des aliments ou liquides riches en minéraux, de sorte à réapprovisionner l'organisme en magnésium, potassium, zinc…

La carence en magnésium lors d'une déminéralisation réduit la vitalité et rend le système de douleur plus réactif. La fatigue et la sensation douloureuse sont alors amplifiées. Avant et après une soirée festive, il est important de recharger son stock en magnésium.

Dette de sommeil réparateur

Une soirée trop alcoolisée génère une sécrétion importante d'un neurotransmetteur très apaisant, le GABA, responsable de l'inhibition de l'activité cérébrale. C'est notamment cette hormone qui est responsable de la sensation de bien-être et de décontraction. En excès, c'est celle qui nous effondre dans notre lit (ou sur un fauteuil ou dans le coin d'un bar pour d'autres).

Mais ce n'est pas parce que l'on s'endort vite que l'on dort bien. La quantité ne fait pas nécessairement la qualité. Les effets de l'alcool sur le cerveau et sur le système hormonal perturbent considérablement le cycle du sommeil[43]. Ainsi, la difficulté de concentration, la nervosité, l'irritabilité, la fatigue physique et mentale sont fortement liées au manque de sommeil. En effet, l'alcool fait sécréter au corps l'hormone de l'activité, aussi appelée du stress, le cortisol, inhibant ainsi l'hormone du sommeil réparateur, la mélatonine[44] (hormone favorisant l'endormissement, mais surtout la réparation et la détoxification du corps que nous étudierons davantage dans le chapitre « Sommeil de plomb »). Une dette de sommeil est génératrice d'inflammation nerveuse, car c'est durant le sommeil que le système nerveux est nettoyé, réparé et renforcé.

Le manque de sommeil entraîne, en cascade, une réparation de moins bonne qualité, donc une inflammation et donc l'apparition de douleurs. Pour résumer, d'un côté, l'alcool excite le corps, ce qui fait danser jusqu'au bout de la nuit, et de l'autre, les GABA décontractent et détendent l'esprit et le corps puis viennent jusqu'à nous assommer au bout de l'excès. Le sommeil reste donc parasité par ces hormones.

LE SOMMEIL ARTIFICIEL

Le repos artificiel diffère du repos naturel. Tout procédé qui provoque le sommeil (somnifères, alcool...) ou qui l'empêche (café, thé) perturbe le cycle éveil/sommeil.
L'alcool et les somnifères aident à s'endormir, certes, mais réduisent les phases de sommeil paradoxal et de sommeil profond réparateur (nous développerons ces phases dans le chapitre dédié au sommeil).

La phase de sommeil paradoxale est le moment où l'on rêve, mais c'est aussi la phase permettant aux souvenirs de la journée de s'ancrer dans le cerveau, et de mémoriser les apprentissages du jour. Cela peut expliquer que certains n'aient plus aucun souvenir de leur soirée bien arrosée !

Indépendamment les unes des autres, la dette de sommeil, la déshydratation, la déminéralisation et la présence d'éthanal génèrent des maux de tête. Toutes combinées, il est difficile d'en échapper. Mais il est possible de réduire les céphalées avec les bons réflexes.

Pour résumer de façon synthétique les différents cercles vicieux responsables des différents symptômes :

- L'alcool crée une inflammation partout où il passe (système digestif, foie, cerveau…) qui génère des signaux de douleurs et impose une réparation importante du corps.
- Il impacte le sommeil, nécessaire pour réparer l'organisme qu'il a lui-même fragilisé.
- Il fait perdre les minéraux essentiels, nécessaires à cette même réparation.

Alors pourquoi l'alcool est-il tant consommé ?

Il est intéressant de comprendre les causes de l'ivresse et des effets si plaisants qui amènent à continuer de boire alors que l'on sait que le lendemain sera sûrement douloureux.

L'alcool présente des effets comparables à ceux d'une drogue psychotrope (perturbation des sens), d'un anesthésique (perturbation des voies nerveuses amenant à une imprécision des gestes, voire à une inhibition des sensations), d'un tranquillisant et d'un anxiolytique (effet sédatif face aux troubles de l'anxiété et du stress). Ces effets sont liés aux sécrétions et inhibitions hormonales que déclenchent les molécules d'alcool dans notre sang.

Ces mécanismes viennent perturber les informations sensorielles et réduire le travail du cortex préfrontal responsable de lier la raison et les émotions. L'inhibition de cette partie du cerveau réduit les facultés de réflexion et le système de freinage de nos émotions. Cela nous fait vivre nos émotions de manière intense, souvent dans la joie et l'euphorie, mais parfois aussi dans la colère, l'agressivité ou la tristesse. Les hormones sécrétées viennent couper les interférences du « mental ». Notre « petite voix », celle qui nous guide pour conserver notre ligne directrice, est inhibée. Ainsi, on est plus à même d'ignorer l'avis des gens, voire d'adopter un comportement déviant, car notre système « raisonnable » est quelque peu interrompu. C'est l'émotion immédiate, le présent, qui a la main. Grossièrement, tout a l'air cool, et rien n'a l'air grave.

Pourquoi ?

Lorsque l'éthanol atteint le cerveau en passant par le sang, il va déclencher un neurotransmetteur que l'on vous a déjà présenté, le GABA. En somme, l'éthanol donne le feu vert à ce qui détend, et le feu rouge à la réflexion et l'énergie nerveuse. Cela a pour conséquence une sensation extrême de relaxation. À forte dose d'alcool, le GABA est responsable d'une fatigue extrême qui peut nous faire dormir subitement, comme nous l'avons mentionné juste avant.

L'éthanol stimule aussi un petit groupe de neurones présents dans la zone de « motivation » du cerveau sécrétant beaucoup de dopamine. La dopamine est le neurotransmetteur de la récompense, qui apporte le plaisir immédiat. Elle est sécrétée dès que nous réalisons une action qui nous fait du bien. Ce neurotransmetteur nous pousse à tenter de nouvelles choses, à nous extravertir et à repousser nos limites. La dopamine engendre un élan de plaisir et d'énergie positive, car le système de récompense est activé.

Et ce n'est pas tout : l'alcool incite le cerveau à synthétiser de l'endorphine. Cette hormone nous aide à nous calmer face au stress ou au danger. Elle nous procure donc du plaisir et une sensation de relaxation. Même face au danger, nous nous sentons invincibles.

PLUS POMPETTE DANS LES AIRS[45] ?

Lorsque vous êtes dans l'avion, l'appareil garantit un taux d'oxygène à 21 %, similaire à celui au sol, pour nous permettre de respirer convenablement. Cependant, il y a une surpression, ce qui a tendance à réduire la capacité d'absorption de l'oxygène, induisant une certaine hypoxie d'altitude (le cerveau manque d'oxygène). Le manque d'oxygène induit moins d'énergie et un influx nerveux ralenti. C'est aussi le cas en haute altitude à la montagne. D'ailleurs, la pression en avion est semblable à celle d'une altitude d'environ 2400 mètres en montagne. Bref, ce calme nerveux est alors couplé à l'effet neurologique de l'alcool, ce qui en augmente l'effet anxiolytique (tranquillisant et euphorisant). Si vous optez pour du champagne, cela sera d'autant plus accentué, car le gaz carbonique des bulles dilate les vaisseaux sanguins, ce qui accélère le passage de l'alcool dans le sang.

Pour conclure, nous pouvons dire que l'alcool active un joli cocktail de neurotransmetteurs et d'hormones qui permettent de lâcher prise, de se sentir bien, de calmer le mental… Vous comprenez mieux pourquoi l'alcool a été un élément festif depuis tout temps.

Ces effets peuvent nous paraître bénéfiques ou positifs, mais rappelez-vous les effets négatifs sur le corps. D'ailleurs, s'orienter vers d'autres activités permet de produire ce même cocktail, comme la pratique sportive, la lecture, les plaisirs sexuels…

Les addictions

La consommation d'alcool paraît moins dangereuse tant que nous restons acteur de notre vie et de notre santé. Lorsque nous choisissons de

« prendre une cuite » avec nos meilleurs amis, nous ne nous sentons pas obligés ni dépassés par cette volonté.

Quel est le problème de ces cocktails de kiffe comme l'alcool, au même titre que la drogue ou le café… ? Le corps n'en a jamais assez.

Course au plaisir : tous les éléments nécessaires pour survivre ou transmettre son patrimoine génétique (reproduction) sont génétiquement ancrés dans l'ADN des animaux[11]. Manger, boire, se reproduire, avoir son territoire ou un statut social dans la communauté sont les éléments les plus indispensables d'un mammifère. Dès qu'on réalise une action qui tend vers ces éléments, le cerveau nous récompense par une décharge de dopamine (sensation de plaisir) *via* le striatum (une zone au centre du cerveau).

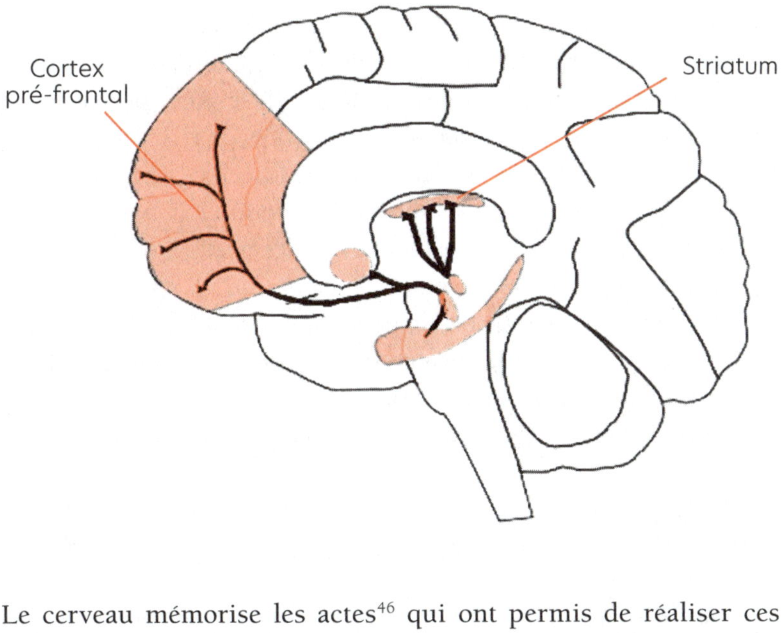

Le cerveau mémorise les actes[46] qui ont permis de réaliser ces actions (le trajet pour trouver la rivière, la façon dont on a séduit le sexe opposé, le lieu où l'on a trouvé un aliment sucré…) afin d'automatiser ces comportements. À chaque action, le lien neuronal se renforce si elle est bénéfique dans les chances de survie[47], et l'inhibition est réduite. À chaque dose de dopamine, le cerveau est de moins en moins capable de résister au comportement qui lui a apporté du plaisir et, en revanche, peut facilement le réaliser en pilotage automatique, c'est-à-dire inconsciemment. On a alors développé des habitudes.

Certaines molécules comme la nicotine du tabac, l'éthanol des boissons alcoolisées ou encore celles qu'on retrouve dans des drogues activent une décharge de dopamine, car elles trompent le système de récompense. L'addiction, c'est-à-dire la sensation de « besoin » et de difficulté de contrôle, se renforce, car le cerveau mémorise qu'une action sans effort active une situation de récompense (similaire à une action nécessaire pour la survie demandant un effort). Le cerveau est trompé, mais renforce le schéma, ce qui incite la personne à réaliser encore cette action pour être récompensée par son striatum.

L'autre souci générateur d'addiction et d'excès est « l'habituation hédonique ». Au temps des chasseurs-cueilleurs, un individu curieux avait plus de chance de survivre. Une personne qui se lasse et qui ose augmente les probabilités de trouver une nouvelle terre plus fertile, de monter dans la hiérarchie... L'évolution a doté les mammifères d'une habituation hédonique. Quand une récompense se répète de façon régulière et prévisible, le striatum cesse progressivement de fournir de la dopamine pour inciter à chercher encore plus. Dans notre cas contemporain, il faut toujours plus de cigarettes, de drogues, d'alcool, d'achats vestimentaires, de nourriture... pour continuer de recevoir la même charge de dopamine. « Plus, sinon rien » : telle est la devise du striatum et du système de récompense.

En plus de se lasser, le corps finit par s'accoutumer face à un stimulus récurrent, c'est-à-dire mieux le tolérer. Ainsi, boire régulièrement de l'alcool permet au corps d'être plus tolérant à ses effets. Est-ce une bonne chose ? En réalité, il ne réagit plus ou peu à une molécule qui reste hautement toxique. Si tout fonctionne correctement, le système nerveux protège l'organisme en envoyant des messages de douleurs, d'inconfort pour signaler au cerveau de stopper immédiatement le risque préjudiciable à la santé. Lorsqu'il s'habitue, s'accoutume, c'est qu'il s'incline devant la fatalité.

Heureusement, l'être humain est un animal social. Le temps a doté Homo sapiens d'une capacité de régulation de ces conduites, sinon chacun ferait ce qu'il voudrait pour survivre et se reproduire. Sans restriction de ses pulsions égoïstes, une anarchie empêcherait toute cohésion de groupe. Sous le front humain se cache le cortex préfrontal pourvu de neurones « fronto-striataux[48] » qui peuvent bloquer les actions automatiques et les pulsions du striatum. Cette partie du cerveau, très grosse chez l'Homme, a permis de vivre en groupe en permettant de faire passer le bien commun avant les désirs individuels. C'est la partie cérébrale de la frustration et du contrôle.

À l'échelle de l'humanité, la question du bien-être et de la liberté individuelle est très récente. Les chasseurs-cueilleurs respectaient le contrat collectif sous peine d'être exclus de la communauté, ce qui réduit fortement les chances de survie. Chacun semblait bien attendre son tour pour manger, partageait ce qu'il y avait, respectait au mieux l'autre pour être respecté. Les premières grandes civilisations ont généré des lois ainsi que des codes religieux très restrictifs pour garantir le bien collectif et réduire les pulsions égoïstes. Sapiens moderne se trouve actuellement baigné dans une société très libre et individualiste, ce qui donne le plein pouvoir au striatum. Améliorer son cortex préfrontal et recibler les sources de dopamine sont une stratégie fonctionnelle pour redevenir acteur de son bien-être et prendre plaisir à partir d'actions plus bénéfiques pour soi. Il n'est jamais trop tard : même adulte, le cerveau conserve une capacité d'adaptation que l'on nomme « plasticité ». On peut acquérir de nouvelles compétences à tout âge[49]. D'autant qu'un individu qui apprend à contrôler ses pulsions est globalement plus épanoui et heureux[50], notamment par de meilleurs rapports amicaux, sociaux, amoureux et une capacité à se frustrer pour mieux profiter. Comment y arriver ?

- Travailler son cortex préfrontal :
  - Vivre avec les autres : plus on vit en communauté, plus on renforce le cortex préfrontal en apprenant la frustration, la modération, l'empathie et l'altruisme[51].
  - Réaliser des activités de patience : puzzle, Monopoly…
  - Se donner des objectifs à moyen terme atteignables : permet de sortir du plaisir instantané[52].
  - Se créer des challenges ponctuels : sortir de sa zone de confort, comme pratiquer un jeûne ou une douche froide occasionnellement : « *le sacrifice est un test de force du cortex préfrontal*[11] ».
- Trouver de nouvelles sources de dopamine plus saines : bouger pour découvrir de nouvelles zones autour de chez soi, faire du sport, rigoler avec autrui, cultiver une expertise dans un hobby, manger sainement… sont aussi des activités génératrices de dopamine.

En résumé

SYMPTÔMES	CAUSES
• Mal de tête. • Nausée. • Fatigue. • Raideur musculaire. • Brouillard cérébral.	• Inflammation due à l'accumulation d'éthanal. • Fréquence cardiaque élevée. • Manque d'eau. • Manque de minéraux. • Irritation de l'estomac et de l'intestin. • Nuit non réparatrice.

Améliorer ses lendemains de soirée

Avant la soirée

Astuce 1 : Préparer son foie

L'alimentation occidentale actuelle et les modes de consommation épuisent totalement cet organe. Avant une « grosse » soirée, il est déjà possible de soulager le foie pour qu'il soit prêt à fonctionner de manière optimale. En effet, le système de filtrage et de désintoxication est le même pour toutes les molécules toxiques, que ce soit pesticides, médicaments ou alcools... De ce fait, si le repas précédent la prise d'alcool demande beaucoup de travail au foie, il sera déjà surchargé au moment où l'éthanol va l'assaillir.

Si c'est possible, cuisiner est un pari gagnant. Cela permet de réduire les produits transformés industriellement qui contiennent beaucoup de contaminants nécessitant d'être dégradés par le foie. Utiliser des produits bio permet de limiter les pesticides qui sont très toxiques et qui occupent donc le foie. Enfin, en évitant la viande et les œufs de mauvaise qualité, cela réduit encore son travail, car les bêtes élevées en batterie ont elles-mêmes consommé des antibiotiques. Pour faire des économies, il est possible de s'en passer totalement pour un repas et de privilégier les féculents et les légumineuses qui sont riches en protéines. Dans tous les cas, le kebab avant la « cuite » n'est pas l'idéal pour préparer son foie.

Astuce 2 : Optimiser les capacités enzymatiques

Pour transformer la molécule d'éthanol, le foie est aidé par les enzymes ADH et ALDH. Si la métabolisation de l'alcool prend autant de temps, c'est que les capacités métaboliques de l'enzyme sont débordées. Selon une étude indienne, voici des aliments à consommer avant, pendant et après une prise d'alc•ool, permettant de favoriser le fonctionnement enzymatique de l'ADH et de l'ALDH[53] :

- poire ;
- tomate ;
- blanc d'œuf ;
- citron ;
- grenade ;
- pastèque.

Astuce 3 : Stimuler les protections antioxydantes

Sachant que la dégradation des molécules toxiques augmente considérablement le stress oxydatif, notamment au niveau du foie, il est normal que les protections antioxydantes s'affaiblissent rapidement. Il est donc intéressant de consommer des aliments qui stimulent et rechargent les protections antioxydantes de l'organisme avant et après la soirée, voire pendant.

Divers conseils et astuces seront présentés dans le chapitre « Gueuleton ». De façon plus spécifique à l'alcool, les protections antioxydantes endogènes ont besoin de manganèse, sélénium, cuivre et zinc pour fonctionner convenablement. Ces minéraux sont essentiels pour protéger le foie[54]. Voici quelques aliments qui en apportent :

SÉLÉNIUM	Œuf, maquereau, thon…
CUIVRE	Lentilles corail, lentilles vertes, noisettes, noix…
MANGANÈSE	Avoine, lentilles corail, flageolets, lentilles vertes, noisettes, haricots blancs…
ZINC	Poissons, fruits de mer, produits animaux, légumineuses (lentilles, pois chiches…), oléagineux (noix, amandes…)…

Les vitamines A, C, et E sont de puissants antioxydants provenant de l'alimentation. Voici quelques exemples :

VITAMINE A	Beurre, jaune d'œuf cru…
VITAMINE C	Cassis, poivron cru, brocoli, chou, kiwi, chou-fleur, fraises…
VITAMINE E	Amandes, huile de tournesol, épinards, noisettes, brocoli, œufs.

Comment marier tous ces ingrédients dans un plat ? En fin de chapitre, plusieurs recettes gourmandes permettant d'optimiser ces conseils seront présentées.

Enfin, il y a une autre source de molécules qui stimulent la capacité antioxydante de l'organisme : les tannins, aussi appelés polyphénols.

Ce mot devrait parler à bon nombre de personnes, mais la thématique du vin sera abordée d'ici quelques pages.

LES POLYPHÉNOLS[55]

Les tannins sont des molécules composées d'un ou plusieurs phénols qui sont sécrétés par les végétaux pour se protéger. Une plante peut se défendre mécaniquement, avec des épines par exemple, ou chimiquement. Les polyphénols sont des « toxiques protecteurs » contenus dans de petites poches hermétiques des cellules végétales. Lors d'une agression, ces petits sacs (appelés vacuoles) sont déchirés, libérant les tannins.
Ces molécules sont toxiques pour les microbes et autres petits prédateurs (bactéries, virus, champignons, mollusques…). En plus de tuer ou freiner l'action des petits prédateurs de la plante, ils ont tendance à décourager les autres potentiels consommateurs de la plante (herbivores, frugivores…). Les tannins génèrent une amertume et une astringence (sensation de bouche qui râpe) qui avertissent du danger de sa consommation excessive. Si l'animal continue d'en consommer, l'action des tannins perturbe le

système digestif (vomi, diarrhée) et peut amener, à terme, des complications plus graves, menant à la mort.

Pas d'inquiétude, l'être humain arrête d'en consommer excessivement à la sensation d'astringence et au goût amer correspondant (avez-vous déjà croqué un pépin de raisin ?). D'ailleurs, les tannins sont aussi ce qui permet majoritairement de pigmenter la nature des teintes rouge à jaune. C'est une façon de communiquer. Comme les grenouilles venimeuses colorées qui avertissent de leur dangerosité.

En plus de cette action antiparasitaire et repoussante, une autre particularité des tannins réside dans leur action antioxydante. Pour rappel, l'oxygène est une molécule très réactive qui génère des radicaux libres qui parasitent le fonctionnement cellulaire. Les tannins sont très sensibles à l'oxygène. Lorsque la cellule végétale est affectée et que le tannin est libéré, ce dernier neutralise l'oxygène et préserve la cellule de son attaque sur l'ADN. Grâce aux tannins, le radical libre généré devient inoffensif, et la nouvelle molécule tannin-oxygène crée une forme de croûte qui permet de « cicatriser » la cellule et de la rendre hermétique à nouveau. Les tannins sont les outils de dissuasion, de défense, de sauvegarde de l'ADN et de la plante en général.

Pour revenir à l'être humain, celui-ci bénéficie des effets antimicrobiens et antioxydants en consommant des polyphénols. La consommation de végétaux apporte des ressources supplémentaires pour soutenir la régulation antioxydante de l'organisme. Les aliments sélectionnés et cultivés aujourd'hui sont faibles en tannins, ce qui éloigne les risques mentionnés plus haut. En consommant des produits végétaux, cela permet de bénéficier des multiples bienfaits que la science ne cesse de relater[56].

Les tannins sont coûteux à créer pour la plante, c'est pourquoi les polyphénols se concentrent en majorité dans

les parties exposées et/ou précieuses du végétal (peau, noyau, graine, tige, bourgeon…).
C'est la raison pour laquelle les végétaux bio sont plus concentrés en polyphénols. Plus les plantes sont soumises au stress biotique (dû aux micro-organismes), à la sécheresse, à des prédateurs… plus elles doivent sécréter de quoi se défendre et résister. Une plante attaquée ou blessée contient beaucoup de polyphénols. Lorsque l'homme lui fournit tout et la défend déjà par de nombreux pesticides, elle n'a pas besoin d'utiliser de l'énergie pour se défendre. Et quel dommage lorsqu'on connaît les multiples bienfaits des polyphénols, lorsqu'ils sont consommés régulièrement et en petites quantités.
Depuis quelques années, de plus en plus d'articles scientifiques relatent les effets toujours plus variés et positifs des polyphénols sur l'organisme humain. L'intérêt de cet encadré pour ce chapitre est que les polyphénols soutiennent l'activité antioxydante de l'organisme au contact des radicaux libres oxygénés. Cela soulage le corps après une « soirée arrosée » !
Les polyphénols se retrouvent dans les aliments végétaux comme :

- fruits et légumes ;
- oléagineux ;
- légumineuses ;
- céréales ;
- aromates et épices.

Plus concrètement, les aliments ayant une très forte concentration en polyphénols sont :

- ail/gingembre/curcuma ;
- brocoli/choux (on ne parle pas de ceux à la crème dans les profiteroles) ;
- thé vert.

Pour résumer, les polyphénols ne sont pas des antioxydants à proprement parler, mais ils provoquent une amélioration des défenses antioxydantes selon le principe d'hormèse. Pour rappel, l'hormèse est la réponse positive de l'organisme (renforcement) à des stress ponctuels (certains produits toxiques ou dépassements de certaines limites). C'est souvent la dose qui fait le poison. C'est en petite quantité et ponctuellement que cette exposition renforce les capacités du corps.

Par ailleurs, il existe une grande variété de polyphénols, et tous n'ont pas nécessairement un impact positif sur l'organisme humain. Ici, il s'agit de ceux présents dans les aliments comestibles, notamment les végétaux consommés traditionnellement en Europe.

En plus d'aider l'organisme à lutter contre le stress oxydatif, manger juste avant une prise d'alcool (et même pendant) permet une diffusion plus lente de l'éthanol. En effet, les liquides nécessitent peu de temps de brassage dans l'estomac, passent donc plus vite dans l'intestin et ainsi dans le sang. Lorsque l'on mange, les aliments arrivent dans l'estomac et le sphincter pylorique se ferme pour éviter le passage des aliments vers l'intestin. Cela permet de les bloquer le temps qu'ils soient brassés dans les sucs gastriques pour les dissoudre. Le sphincter laisse ensuite passer progressivement le bol alimentaire pour que l'intestin puisse l'assimiler. Donc en mangeant, le passage de l'alcool dans l'intestin et ainsi dans le sang se fait plus lentement, laissant plus de temps au foie pour détoxifier.

Pour conclure cette astuce, il est recommandé de consommer beaucoup de produits végétaux, fraîchement récoltés ou bio si possible, avec la peau et pas trop cuits (plus de détails dans le chapitre « Gueuleton »). À l'inverse, il est préférable d'éviter de consommer des produits industriels, des aliments trop cuits (notamment grillés) avant, pendant et après la prise d'alcool, car ce sont des sources de stress oxydatif importantes en plus de l'éthanol.

En limitant le stress oxydatif déjà présent et en augmentant les ressources et l'efficacité des protections antioxydantes, cela atténue l'usure de l'organisme durant les 24 heures de détoxification. Cela améliore la dégradation de l'alcool, ce qui réduit les symptômes de la veisalgie, en quantité et intensité.

Avant, pendant et après les prises d'alcool, manger des végétaux vous évitera de végéter.

Astuce 4 : Arriver en forme

> J'suis parti frais comme un gardon,
> J'suis revenu fumé comme un saumon
>
> **ORELSAN**

Breus[57], expert en chronobiologie, conseille de faire une sieste d'1 h 30 (un cycle de sommeil complet) avant une soirée. L'organisme est alors rechargé et son métabolisme est optimal.

Il est donc préférable d'arriver reposé, de faire une bonne nuit la veille tant que possible, voire une sieste en journée. Pour faire le lien avec l'astuce précédente, un sommeil de qualité favorise une protection antioxydante efficace. En effet, la mélatonine est un puissant stimulant des protections antioxydantes[58].

De plus, lors de la journée qui précède la soirée, il est important de boire régulièrement. Arriver bien hydraté est important, car la consommation d'alcool va accélérer l'élimination de l'eau.

Maintenant que le début de soirée est prêt, il est temps de voir les bons choix à faire au moment de la prise d'alcool.

Pendant la soirée

Astuce 1 : Choisir le bon alcool et ses diluants

Quelles boissons privilégier lorsqu'on se retrouve devant la palette de spiritueux et autres breuvages alcoolisés au supermarché ou chez un caviste ? Faire le bon choix, même à ce niveau, peut améliorer le déroulé de la soirée… et son lendemain !

Premièrement, certaines études concluent qu'il faudrait **privilégier les « alcools blancs »,** autrement dit « transparents » plutôt que ceux teintés. L'éthanol est incolore. En effet, la distillation du gin, du rhum ou de la vodka donne un rendu transparent. Les processus de fermentation qui peuvent suivre génèrent des « congénères ». Ce sont des substances comme les aldéhydes, les esters, les tannins… Lorsqu'on laisse maturer l'éthanol dans des barriques en bois ou en cuivre par exemple, des réactions génèrent différents « congénères », pouvant apporter une teinte colorée ou des arômes. Certaines de ces molécules, même en petite quantité, sont toxiques. Elles ont tendance à augmenter les symptômes de la « gueule de bois[43] », notamment les maux de tête[59]. Le goût est certes plus aromatique, mais cela engendre d'autres effets.

Il faut tout de même retenir que les recherches sont encore assez récentes et méritent donc d'être approfondies sur la thématique de l'alcool et de son impact sur l'organisme, même si ces premières études peuvent nous donner un éclairage.

LE VIN ROUGE : LE FRENCH PARADOX

Il arrive d'entendre que « *boire un verre de vin de Bordeaux par jour c'est bon pour la santé du cœur !* » Pendant longtemps (et peut-être encore aujourd'hui), boire régulièrement de petites quantités de vin rouge était même une recommandation médicale !

En effet, les baies de raisin et leurs dérivés comme le vin rouge contiennent des polyphénols comme le resvératrol. Ce polyphénol est présent naturellement dans de nombreux aliments, tels que les myrtilles et les arachides. Des études comme celle de Serge Renaud et Michel de Lorgeril publiée dans *The Lancet* en 1992[60] révélaient que, pour un régime alimentaire aussi riche en graisse saturée et sel, les Français avaient moins de maladies cardiovasculaires que les Américains et Britanniques malgré les 44 L de vin bus par habitant en moyenne annuellement en France à ce moment-là. Cet effet paradoxal serait dû à la richesse en tannins, le resvératrol étant réputé pour son effet bénéfique sur la longévité en réduisant les risques cardiovasculaires, cancérigènes ou encore des maladies neuro-dégénératives...

Toutefois, que le vin soit la raison principale ne fut jamais réellement prouvé, cela reste, encore aujourd'hui, une controverse dans le milieu scientifique. Car même si la consommation alimentaire est riche, il y a d'autres différences, notamment dans la quantité de végétaux assimilés et dans le rythme de vie. Toutefois, cela donna bonne publicité au vin. Cependant, de multiples études montrent que les quantités nécessaires pour en tirer un réel bénéfice dépassent celles que l'on peut consommer raisonnablement. Des scientifiques allemands[61] ont démontré par l'absurde la fragilité de cette théorie. La consommation de vin moyenne en France en 2014 de 43,4 L apporterait environ 70 mg de resvératrol par an. Alors que les recommandations médicales tablent sur 1 g.... par jour. Dans l'étude, ils ont calculé que pour atteindre la recommandation nutritionnelle bénéfique de 1 g. de resvératrol par jour, il faudrait consommer quotidiennement entre 500 et 2000 L de vin rouge en fonction du cépage.

Bien évidemment, une telle quantité, bien que déjà difficile à atteindre, apporte plus de problèmes que de bénéfices.

C'est pour cela que l'on parle de paradoxe français, car vin rouge et santé font encore débat. Aujourd'hui, les chercheurs tendent à s'accorder sur le fait que l'alcool du vin et ses autres composants sont plus délétères que le peu de polyphénols absorbés.

D'ailleurs, pourquoi ne parle-t-on que de vin rouge ?

En fonction des types de raisin (et donc de tannins) et du temps de macération avec la peau, les pépins, la tige, voire quelques feuilles, le liquide se retrouve plus ou moins teinté et aromatique. Un vin rouge provient d'une macération de la peau rouge dans le liquide.
Plus on laisse macérer ces parties tanniques, plus le vin intègre les arômes associés. Les tannins sont grandement responsables du nez du vin (odeur), de la robe du vin (couleur), des arômes et de la sensation buccale.
Les vins rouges ont tendance à contenir plus de tannins par le temps de contact avec la peau, les pépins... Un vin est tannique lorsqu'il génère cette sensation d'astringence buccale. Mais globalement, tous les vins sont « tanniques ».

Pour finir sur la couleur des alcools, il est important de savoir que le méthanol est un composé intermédiaire de l'éthanol. C'est notamment à partir du méthanol qu'on crée les alcools ménagers. En effet, il n'a pas vocation à être ingéré, car il est néfaste. Il est d'ailleurs éliminé ou contrôlé dans les boissons alcoolisées commercialisées. Les boissons alcoolisées maison peuvent donc s'avérer dangereuses, car la fermentation peut être ratée. Bien que transparentes, nous vous déconseillons de miser sur les eaux-de-vie, qui peuvent présenter entre 10 à 30 fois plus de méthanol, surtout si elles sont faites « maison ».

Deuxièmement, il est également possible d'agir sur les mélanges :

Consommer l'**alcool pur plutôt que dilué avec des produits sucrés** réduirait la vitesse d'absorption de l'éthanol dans le sang, ralentissant ainsi le pic d'alcoolémie[62].

Diluer avec une **boisson plate plutôt que gazeuse**, selon la même étude, la réduirait également, mais de manière moins significative.

Consommer un **alcool non gazeux plutôt qu'avec des bulles** réduirait également la vitesse d'absorption de l'éthanol dans le sang[63].

Ce sont des conseils pour réduire la vitesse d'absorption de l'alcool dans le sang, mais l'idée n'est pas de s'enchaîner des shoots toute la soirée. Ce qu'il faut comprendre, c'est qu'un verre pur d'une excellente vodka que l'on boit lentement peut être préférable à un verre de vodka-jus de pomme qui risque d'être bu plus rapidement, et assimilé dans le sang plus rapidement. Encore plus si l'on ajoute des bulles, comme pour un verre de vodka-Champomy (mais qui fait ça ?).

Il est donc possible d'optimiser son cocktail : en choisissant de préférence un diluant non gazeux ou pas de diluant. Il en est de même pour les pétillants comme le champagne. La présence de dioxyde de carbone accélère le passage de l'alcool dans le sang.

Enfin, **préférer la qualité**, tant pour l'alcool que pour le diluant. Dans les alcools et diluants bas de gamme, on trouve beaucoup d'impuretés ou de substances ajoutées comme les additifs ou les pesticides, qui vont encore ralentir le travail du foie. En effet, les végétaux concernés (raisin, pomme de terre, pomme, orange…) font partie des aliments les plus contaminés[64]. Moins le foie est occupé, plus il sera efficace et focalisé sur l'élimination de l'éthanol. Un alcool ou un jus de qualité comprendra de meilleurs produits avec des procédés de fermentation et de filtrage plus sains et efficaces. Les fameux sulfites sont des conservateurs présents notamment dans les vins, surtout les vins blancs, et en très grande quantité dans les vins blancs liquoreux de mauvaise qualité. Ils servent à stabiliser les composés, cependant, l'organisme ne les apprécie pas réellement. Nous vous conseillons d'éviter ces vins liquoreux et, là encore, de privilégier les vins de qualité, notamment sans sulfite. C'est d'ailleurs le principe des vins biologiques d'utiliser le pouvoir protecteur des tannins pour stabiliser le vin.

Il en est de même pour les diluants. Dans les sodas ou autres boissons industrielles, les entreprises ajoutent une liste interminable d'additifs, colorants, conservateurs, agents de texture, édulcorants, régulateur d'acidité… et bingo, le foie doit aussi les traiter et les évacuer comme tout xénobiotiques. De surcroît, ces boissons sont généralement pleines de sucres ajoutés ou de dérivés du sucre, ce qui perturbe d'autant plus la glycémie.

L'idéal, si possible, est donc de réaliser des cocktails avec des **jus de fruits naturels et/ou de très bonne qualité**… **ou de l'eau** ! Les boissons se diluant à l'eau comme les pastis… permettent de rester un peu plus hydratés et de réduire la quantité de produits artificiels dans le corps.

LE VIN, LE CIDRE, LA BIÈRE… DES ALIMENTS SANTÉ[55] ?

L'IPA (*Indian Pale Ale*) au goût plus amer a été créée pour mieux conserver la bière lorsqu'elle faisait de longs trajets depuis l'Europe vers les colonies indiennes. Les Anglais en faisaient des bières très houblonnées (plus acides, plus amers) pour mieux les conserver. Loin d'être façonnées initialement pour leur goût, les colonies devaient s'en contenter.

Le vin, le cidre, la cervoise ou la bière étaient issus d'une fermentation de végétaux qui permettaient de désinfecter l'eau par la présence de tannins, d'alcool et d'acidité qui sont antimicrobiens. Le vin n'était pas le même qu'aujourd'hui, il était beaucoup plus clair et acide (presque du vinaigre), ce qui le rendait consommable lorsqu'il était coupé à l'eau.

C'est d'ailleurs pour la même raison que chaque culture a ses « boissons » infusées ou fermentées. Elles permettent de boire. Le thé, le maté, le café ou encore le bissap (boisson rafraîchissante préparée avec les fleurs séchées d'hibiscus, très populaire dans les pays d'Afrique subsaharienne) sont des eaux chauffées (tuant les micro-organismes) et infusées avec des végétaux tanniques (idem). C'est parce que ces techniques ont eu une place centrale dans les civilisations humaines que l'on continue d'avoir cette culture des breuvages, même s'il n'y a plus d'enjeu sanitaire.

Astuce 2 : Modifier ses cocktails

Il est possible de réinvestir dans les cocktails les aliments permettant au corps d'améliorer l'efficacité enzymatique et antioxydante (comme vu dans l'astuce 2 du « avant la soirée ») : le jus de poire en diluant, le blanc d'œuf dans le cocktail (comme le whisky sour), ou pourquoi pas le jus de tomate (comme le bloody mary), augmentent l'efficacité des enzymes ADH et ALDH comme vu plus haut[53].

Intéressants gustativement, les aliments suivants sont aussi bénéfiques pour votre organisme :

- L'eau de coco en diluant : boisson à consommer les lendemains de soirée, elle se marie tout de même très bien avec différents alcools, notamment le rhum. L'eau de coco a une composition pleine de minéraux (électrolytes) importants que l'on retrouve dans la composition sanguine. Ces minéraux sont évacués lorsque l'on va souvent uriner. Utiliser cette boisson permet donc de remédier à cette déminéralisation.
- Le miel plutôt que le sucre : il est composé de glucose et de galactose alors que le sucre ordinaire (de canne ou de betterave par exemple) contient du glucose et du fructose. Le galactose est une forme de sucre plus intéressante pour l'organisme. Aussi, une étude a révélé que consommer du miel pendant l'ingestion d'alcool réduisait le pic d'alcoolémie sanguin et accélérait le processus d'élimination de l'alcool[65]. L'étude révèle que le miel aiderait à accélérer de 30 % l'élimination de l'éthanol et à réduire du même pourcentage le pic d'alcoolémie. De surcroît, cela réduirait les effets de la veisalgie. Cependant, cette étude demande de consommer une grande quantité de miel (5 cuillères à soupe), et reste donc du domaine de la théorie. L'idée n'est pas d'en ingérer trop, car cela reste un produit sucré. Sans aller dans l'excès, consommer modérément du miel pendant la soirée et le lendemain apportera quelques bénéfices.

Le ti-punch, ça peut être :

- 4 cl de rhum blanc ;
- un quart de citron vert ;
- une cuillère à café de miel.

Astuce 3 : Quelques bons réflexes

Après ces conseils sur la nourriture, l'alcool et ses diluants, il existe encore quelques réflexes qu'il est possible d'adopter pour épargner au maximum l'organisme :

- Un verre d'eau pour un verre d'alcool. Le corps est déshydraté durant une soirée alcoolisée. Il est donc important de prendre ce verre d'eau entre chaque verre d'alcool pour hydrater le corps d'une part, et pour réduire la fréquence d'ingestion d'éthanol d'autre part.

MON AMIE LA GOURDE

Pendant la soirée, toujours un verre à la main, mais ma gourde n'est jamais bien loin.

En se forçant à boire de l'eau entre deux verres d'alcool, on limite ainsi la déshydratation, et c'est peut-être le meilleur moyen pour ne pas avoir mal à la tête le lendemain. Boire progressivement sera plus efficace que boire un litre d'eau avant de se coucher, car dans ce cas on se réveille en pleine nuit pour aller uriner (ce qui casse le sommeil qui déjà n'est pas de bonne qualité).

- Éviter les boissons énergisantes dans le cocktail : ces boissons sont excitantes et font monter la fréquence cardiaque, déjà augmentée par l'alcool. Au-delà des risques cardiaques possibles, cette excitation parasitera le sommeil qui ne sera pas réparateur. Le corps épuisé demandera d'autant plus à récupérer le lendemain. De plus, la forte teneur en sucre masque le goût de l'alcool et augmente ainsi la vitesse d'ingestion, tout en perturbant encore la glycémie.

- Éviter les boissons « light » : l'absence de sucre d'un produit « light » est compensée par d'autres produits ajoutés de manière industrielle. De manière différente, ces produits restent tout aussi néfastes, notamment lorsqu'ils sont consommés en grande quantité. Ils ont tendance à leurrer le fonctionnement de la gestion de la glycémie, qui peut se dérégler à terme. Concrètement, lorsque la langue détecte ce goût sucré, le pancréas sécrète de l'insuline pour venir stocker le prétendu sucre dans les cellules. Mais comme il n'y a rien à traiter, les cellules finissent par ne plus s'ouvrir, les glucides restent alors dans le sang. C'est ce qu'on appelle la résistance à l'insuline. À terme, la gestion de la glycémie ne fonctionne plus correctement. Par ailleurs, le sucre est un élément présent dans son état naturel, donc l'organisme sait le métaboliser, contrairement aux produits industriels sucrants. Si l'on veut se faire plaisir, mieux vaut le faire avec un aliment naturel, en ayant conscience qu'il serait idéal que cela reste occasionnel.
- Le « vomi stratégique » est une fausse bonne idée : il est vrai que l'on réduit la dose d'alcool, c'est d'ailleurs le réflexe naturel du corps quand il sent une présence excessive de poison. Cependant, les parois de l'œsophage ne sont pas adaptées à l'acidité très importante de l'estomac, ce qui peut générer de fortes brûlures dans l'œsophage, et endommager la bouche également. À terme, vomir fréquemment peut brûler, ou du moins complètement déprogrammer le sphincter qui ferme la partie haute de l'estomac (appelé « cardia ») pour que l'acidité ne remonte pas.

Après la soirée

Les choses sont claires : il n'y a pas de remède miracle.

Le foie dénature l'alcool de façon régulière entre 3 et 6 grammes, voire 8 grammes par heure. Toutefois, il y a des astuces qui permettent d'atteindre ces 8 grammes, donc de réduire le temps de souffrance (pas en cinq minutes évidemment), et de soulager l'organisme pour que les symptômes soient moins désagréables. **De manière générale, il faut s'hydrater un maximum, se reposer et soulager son système digestif.** Il est donc préférable d'éviter ce qui déshydrate et empêche le repos comme le café, ou ce qui remplit le corps d'agents néfastes comme la nourriture proposée dans les fast-food, trop riche en graisses et en sucres.

Astuce 1 : (Re-) Consommer les produits qui aident l'organisme

Ces aliments peuvent être pris au réveil, mais également avant de se coucher, pour permettre leur travail durant le sommeil. Le lendemain, on renouvellera ces précautions alimentaires pour achever l'élimination de l'éthanal.

Pour commencer, il faut boire de l'eau.

EAU MINÉRALE ET EAU DE SOURCE[66]

Différence entre l'eau minérale et l'eau de source :
Les deux sont des eaux « pures », mais celle estampillée « minérale » détient une composition stable et importante de minéraux qui la rend sanitairement intéressante. Au XIXe siècle, les vertus des eaux thermales et de l'hydrologie étaient enseignées dans les écoles de pharmacie, puis au début du XXe dans les facultés de médecine. Au XIXe siècle, les pharmacies se procuraient des bouteilles d'eau minérale à visée thérapeutique. À partir de 1957, il y a un élargissement de la vente d'eau minérale, autorisant aussi les commerçants à en vendre au regard du besoin croissant.
En 1964, le droit d'embouteiller de l'eau minérale pour vente était exclusivement accordé par le ministère de la Santé publique. À partir des années 1980, un décret classe l'eau minérale non plus comme thérapeutique, mais comme « favorable à la santé », ce qui nuance et ouvre son accès aux supermarchés. L'approvisionnement

des pharmacies est réduit, car l'eau n'est plus bue dans une logique de cure, mais plutôt de diététique[67].
Au même titre qu'un complément alimentaire, l'eau minérale permet de répondre à une carence ponctuelle, ou de se réapprovisionner en minéraux de temps en temps (eau riche en bicarbonate pour faciliter la digestion et la récupération sportive, eau riche en sodium pour des efforts physiques intenses, eau riche en magnésium et en calcium pour des périodes de fatigue...)[68].
C'est en partie pour cela que l'eau de source est moins chère, mais elle n'est pas moins efficace pour s'hydrater, tout comme l'eau du robinet.
Il est possible de privilégier l'eau très peu coûteuse venant du robinet. Quelle que soit sa source aujourd'hui, l'eau est globalement contaminée[41], notamment par des métaux lourds, des résidus cosmétiques, des additifs, des pesticides, des molécules médicamenteuses et surtout des micro et nano plastiques (on recense plus de 100 000 substances chimiques circulant dans l'environnement pouvant être présentes dans l'eau).
Pour finir, avez-vous déjà utilisé vos bouteilles en plastique pendant plusieurs mois ?
Il faudrait, autant que possible, privilégier les bouteilles en verre, surtout sur le plan de la santé et de l'écologie. Une bouteille en plastique n'est pas réutilisable, et la réutiliser peut s'avérer toxique. Dans le triangle du tri de chaque objet en plastique, il y a un chiffre. Le chiffre 1 présent sur les bouteilles indique qu'elles sont à usage unique. À ce titre, une fois soumise à l'air extérieur, la bouteille dégage entre autres du trioxyde d'antimoine responsable d'irritations cutanées et respiratoires.
Une gourde en plastique ? Oui si le chiffre est 4, synonyme de réutilisable.

De façon générale, voici quelques boissons ou liquides à consommer pour s'hydrater, récupérer les sels minéraux importants tout en stimulant la synthèse des enzymes ADH et ALDH :

- jus de poire ou jus de tomate pour optimiser le fonctionnement enzymatique ;
- eau de coco pour refaire le plein de sels minéraux ;
- bouillon de légumes fait maison, riche en vitamines et en minéraux ;
- thé vert, qui contient beaucoup de polyphénols permettant de réguler le stress oxydatif.

Attention à la consommation excessive de café qui augmente la nervosité et peut amplifier les maux de tête.

Pour ce qui est des aliments solides, il faut garder à l'esprit que le système digestif est fatigué et que le foie est encore en plein travail. De ce fait, il faut éviter les repas trop lourds, riches en xénobiotiques, qui vont encore saturer ces organes. Imaginez un employé de ménage qui termine sa tournée dans les bureaux d'une grande entreprise, quand tout d'un coup, tous les employés entrent dans la pièce et s'amusent à jeter plein de papiers par terre. Double dose de travail pour l'employé. Pensez que votre foie est votre employé de ménage, épargnez-le.

Voici quelques aliments à privilégier pour réguler le stress oxydatif. Il s'agit en grande partie des végétaux :

- fruits : framboises, pommes, abricots, mûres… ;
- légumes : brocolis, choux, épinards… ;
- légumineuses : pois chiches, haricots rouges… ;
- oléagineux : amandes, noix, noisettes… ;
- condiments : oignons, ails… ;
- épices et aromates : curcuma, cumin, romarin… ;
- produits animaux : œufs, maquereaux, sardines, huîtres…

Il est également intéressant de veiller à recharger l'organisme en magnésium, pour calmer la neuro-inflammation et ainsi réduire les douleurs musculaires et les céphalées. Les aliments suivants sont riches en magnésium : le chocolat noir (minimum 70 %), les oléagineux, les légumineuses comme les pois chiches ou les lentilles, les fruits secs comme les figues séchées ou les abricots secs, les légumes comme les épinards ou encore les céréales complètes.

De plus, en continuant de consommer les aliments décrits dans la partie « avant la soirée » (tomate, poire), cela stimule les enzymes ADH et ALDH. Voici des aliments supplémentaires, susceptibles d'impacter l'ALDH, utile lors de la deuxième phase du traitement de l'éthanol et donc le lendemain :

- concombre ;
- eau de coco ;
- œufs : ils contiennent en quantité un acide aminé, la cystéine[69], participant à la désintoxication de l'éthanal, ainsi que d'autres procédés actifs favorables à l'organisme.

Nous avons conscience que cela fait beaucoup d'aliments, mais pour éviter de se rabattre sur le fast-food faute d'idée : nous vous livrons de bonnes recettes à la fin du chapitre.

Astuce 2 : Utiliser la phytothérapie et l'aromathérapie

Nous vous rappelons qu'en cas de doutes ou d'interrogations, n'hésitez pas à vous rapprocher d'un pharmacien, d'un naturopathe ou d'un médecin. Ces conseils sont indicatifs, mais cela reste des principes actifs avec lesquels il ne faut pas abuser.

Au niveau de la phytothérapie (traitement par les plantes et leurs extraits), voici deux plantes qui sont très efficaces pour soulager le foie et favoriser la détoxication de l'alcool. On peut penser que ce n'est que de l'eau avec des bouts de feuilles qui donnent un peu de goût. En réalité, les herboristes mettent surtout des parties non comestibles des plantes où se concentrent la majorité des principes actifs pour les assimiler.

- artichaut : limite le stress oxydatif[70] induit par la métabolisation des xénobiotiques ;

- chardon-marie : soutient l'activité oxydative de détoxification et les protections antioxydantes régulant l'inflammation, notamment en favorisant le renouvellement des cellules du foie[71].

Au niveau de l'aromathérapie (c'est-à-dire les huiles essentielles), en voici deux qui peuvent être recommandées :

- Menthe poivrée : l'effet de froid bloque les signaux de douleur. Il est possible de mettre quelques gouttes sur les doigts, puis de masser les tempes et le front. Il est conseillé de la mélanger avec un peu d'huile végétale, car l'effet froid surprend.
- Lavande officinale : elle calme les douleurs. C'est une plante ancestrale pour calmer les maux de tête. Inhaler ou mettre quelques gouttes sur les tempes.

Attention : les huiles essentielles sont des procédés actifs très puissants, il faut éviter le surdosage au risque d'amplifier les maux de tête et prendre les bonnes huiles par rapport au besoin. Deux gouttes toutes les 4 heures suffisent amplement.

Astuce 3 : L'eau, mais pas en boisson

Autrement que de la boire, voici une autre façon d'utiliser l'eau pour diminuer les symptômes de la veisalgie : prendre une douche froide.

Elle fait circuler le sang et incite le corps à sécréter les hormones du stress qui stimulent ainsi tout le métabolisme. Ajouté à cela, le corps sécrète des opioïdes et des cannabinoïdes, ce qui peut générer de l'euphorie et une sensation de légèreté après la douche qui apaise les douleurs[72]. Donc, en ravivant les capacités ancestrales du corps, il se répare au mieux, car il réactive son pouvoir d'autoguérison.

Ce principe permet aussi d'être plus éveillé et alerte durant la journée, ou de préparer le sommeil avec une sensation de « corps neuf ». Plus de détails sur les nombreux bénéfices seront apportés dans le dernier chapitre.

Astuce 4 : Respirer

Dans un de ses livres[73], Wim Hof propose un protocole respiratoire d'hyperventilation. Il prétend que cet exercice peut soulager les symptômes de la gueule de bois en vingt minutes. Cela ne prend pas beaucoup de temps, c'est gratuit, donc pourquoi ne pas essayer ? Cet exercice de respiration va permettre d'oxygéner le corps et de stimuler le système nerveux autonome.

LA MÉTHODE WIM HOF

S'installer confortablement sur une chaise ou un canapé :

- hyperventiler, en inspirant profondément et au maximum, puis expirer normalement, durant 30 respirations ;
- à la fin de la 30e expiration, rester en apnée poumons vides le plus longtemps possible jusqu'au désagréable ;
- cela va picoter dans les doigts, dans le ventre, c'est que ça fonctionne. Ensuite, inspirer et rester en apnée poumons pleins pendant 15 secondes ;
- lorsque c'est terminé, on recommence le tout deux ou trois fois ;
- réaliser cet exercice dans un endroit calme et en sécurité, car l'hyperventilation peut occasionner quelques vertiges.

Astuce 5 : Se reposer sans lézarder

Un lendemain de soirée arrosée, il faut écouter son organisme. Le corps est en détresse, il est primordial de se reposer pour lui permettre de réaliser son travail de détoxification et de compenser le manque de sommeil. Toute activité physique intense est déconseillée. En effet, la déshydratation, la perte de minéraux, la fatigue nerveuse et musculaire sont autant de facteurs qui peuvent amener aux risques de blessures. Une sieste durant la journée entre 15 minutes et 1 h 30 permet de se reposer et d'activer, même si ce n'est qu'un peu, le processus réparateur du corps. L'organisme bénéficiera quelque peu des bienfaits de la mélatonine, de ses effets antioxydants et antidouleurs, notamment au niveau des maux de tête. D'autant qu'il est important de calmer le système nerveux pour le mettre au repos, permettant ainsi une régulation de la douleur et une amélioration de la réparation du corps. Dormir, se reposer psychologiquement et physiquement est primordial.

En revanche, le conseil n'est pas de lézarder devant votre écran toute la journée. Une activité physique raisonnable dans la journée est intéressante. Bouger, de préférence en extérieur, s'avère nécessaire pour régler de nouveau son horloge biologique naturelle et préparer la qualité de la nuit suivante. S'exposer à la lumière solaire permet au corps de se recaler sur le rythme naturel jour/nuit (voir « Sommeil de plomb ») qui a été perturbé par la nuit précédente, et de recharger son stock de vitamine D, primordial pour le fonctionnement de l'organisme. D'autant que la vitamine D génère un processus stimulant les enzymes antioxydantes de l'organisme. Il est primordial de s'exposer à la lumière naturelle avant, pendant et après la prise d'alcool pour aider l'organisme à réguler l'intoxication et les conséquences douloureuses associées.

D'ailleurs, il est conseillé de se promener en extérieur, si possible en dehors des zones urbanisées. En faisant cela, on bénéficie d'un air moins pollué, car les végétaux absorbent le CO_2 et certains polluants, et sont source de dioxygène[74]. On bénéficie également d'un environnement apaisant (voir « À votre santé »), ce dont le corps a besoin pour récupérer. Enfin, on respire un air chargé en phytoncides, des molécules libérées par les végétaux qui renforcent l'organisme (voir « À votre santé » également).

Et les médicaments ?

Pour revenir à la gueule de bois, la pratique courante est de consommer du paracétamol pour soulager les maux de tête. Mais il faut savoir que la molécule de paracétamol est traitée par le foie. Alors ?

Le foie est déjà à la limite du « burn-out » et lui ajouter une molécule externe (un xénobiotique) à cataboliser réduit encore sa rapidité de désintoxication de l'éthanol et de l'éthanal. N'oublions pas que le foie est l'employé de ménage, qui aimerait terminer son travail sans qu'on lui ajoute des déchets supplémentaires.

« *N'empêche que trente minutes après on va beaucoup mieux !* » Alors oui, on peut considérer que l'on se « sent » mieux, mais ce n'est pas le cas de l'organisme, car la molécule ne fait que couper le message de douleur envoyé au cerveau, sans pour autant la guérir. Ce phénomène sera développé dans le dernier chapitre réservé à l'immunité.

En résumé

SYMPTÔMES	CAUSES	SOLUTIONS
• Mal de tête. • Nausée. • Fatigue. • Raideur musculaire. • Brouillard cérébral.	• Inflammation due à l'accumulation d'éthanal. • Fréquence cardiaque élevée. • Manque d'eau. • Manque de minéraux. • Irritation de l'estomac et de l'intestin. • Nuit non réparatrice.	• Consommer les aliments permettant de réguler le stress oxydatif et les inflammations (voir recettes). • Bien s'hydrater. • Faire une sieste. • Boire des tisanes d'artichaut ou de chardon-marie. • Utiliser l'huile essentielle de menthe poivrée ou de lavande officinale. • Prendre une douche froide. • Faire le protocole de respiration Wim Hof. • Bouger dans la journée, aller prendre la lumière du jour et se balader en milieu végétalisé.

RECETTES
COCKTAILS ET BRUNCH

NB : cs veut dire « cuillère à soupe ».

COCKTAILS

LE SURPRENANT

Ingrédients

- 6 cl de vodka
- 3 feuilles de menthe
- 3 cl de jus de poire
- 3 cl d'eau de coco
- 2 cl de sirop d'agave (ou de canne)
- 3 cl de jus de citron
- 6 cl d'eau plate, pétillante ou ginger beer
- Version sans alcool : idem, sans la vodka (ne change pas le cocktail, car alcool neutre)

Recette

1. Tout mettre dans le verre, puis mélanger avec une cuillère.
2. Remplir de glaçons et mélanger de nouveau.
3. Mettre la paille.
4. Une tête de menthe, une rondelle de citron ou une pâquerette en décoration.

Bonne dégustation.

LE FRUITÉ

Ingrédients

- 6 cl de vodka
- 4 cl de jus de poire
- 2 cl de jus de citron
- Bonus : 2 cl de sirop de romarin

Recette

1. Tout mettre dans le shaker
2. Ajouter des glaçons et shaker
3. Verser dans un verre en filtrant
4. Déposer une branche de romarin et/ou une rondelle de citron

Bonne dégustation

LE SOUR

Ingrédients

- 3 cl de jus de citron
- 2 cl de miel liquide
- 1 blanc d'œuf ou 2 cl de jus de pois chiches (permet d'apporter une texture et une mousse originales)
- 6 cl de gin
- Cannelle ou 2 rondelles de concombre
- Version sans alcool : remplacer le gin par du jus de poire

Recette

1. Tout mettre dans le shaker.
2. Dry shake : mélanger énergétiquement sans glaçon pour faire mousser.
3. Mettre des glaçons et shaker de nouveau.
4. Verser dans le verre en filtrant.
5. Déposer un trait de cannelle ou vos tranches de concombre.

Bonne dégustation

BRUNCH SALÉ (POUR SE RÉGALER SANS SUCCOMBER AU FAST-FOOD)

HOUMOUS MAISON

- Pois chiches cuits, jus de citron, huile d'olive, sel, poivre, épices (notamment du cumin). Dosage à votre convenance. Mixez, goûtez, régulez…
- Bonus goût : quelques tomates confites ou un morceau de betterave cuite à la vapeur.
- Tremper avec des bâtonnets de légume.

POKE

- Base de riz (complet) cuit puis refroidi.
- Agrémenter de végétaux coupés (Concombre, carotte, tomate, radis, choux voire même pomme, poire…) et d'un peu d'oignon émincé.
- Déposer des morceaux cuits et coupés de sardine, hareng, maquereau ou anchois.
- Assaisonner d'huile d'olive, de citron (ou de vinaigre de cidre), de sauce soja ou de miel à votre convenance.
- Variante type « ceviche » : ne pas mettre le riz, couper tous les autres aliments en petits dés et mettre plus de citron (vert de préférence).

BRUSCHETTA GOURMANDE

- Frotter du pain grillé avec de l'ail.
- Tartiner avec de la purée de tomate et déposer un peu d'oignon émincé finement.
- Poser un oeuf mollet coupé en deux ou un oeuf au plat avec le jaune bien coulant; puis arroser d'un filet d'huile d'olive, tout en mettant les épices ou herbes de votre choix.
- Bonus: agrémenter de quelques légumes crus coupés très finement, comme du chou ou de la courgette.

BRUNCH SUCRÉ (POUR SE RÉGALER SANS SUCCOMBER À LA PÂTE À TARTINER)

PANCAKES FRUITÉS

- 2 tasses de farine, ¼ de tasse de graines de chia ou de lin, 2 tasses de lait (végétal possible), 2 cc de levure chimique, 1 cc de sel, 3 cs d'huile d'olive, 2 cs de miel, fruits (fraises, poires, framboises…).
- Tout mélanger et cuire en pancake.

GRANOLA

- Sur base de yaourt au lait cru, agrémenter de flocons d'avoine.
- Agrémenter de noix, noisettes, amandes…
- Agrémenter de fruits tranchés, de baies.
- Rajouter du miel.
- Variante : torréfier les oléagineux en les laissant environ 15' à 180 °C au four. Vérifier fréquemment jusqu'à ce qu'ils soient bruns, mais pas brûlés.

PANNA COTTA

- 15 g de graines de chia
- 80 ml de lait végétal
- 2 cs de miel
- Mélanger et laisser reposer au frais une heure au minimum.
- Agrémenter de fruits tranchés, de baies, ou de noisettes/amandes.

LES BOISSONS (POUR SE RÉGALER SANS SUCCOMBER AU SODA)

THÉ VERT

Avec une cuillère de miel ou de citron.

CITRONNADE POIRE-COCO

Mélanger jus de poire, eau de coco et jus de citron.

BOUILLON MAISON

1. Faire revenir des champignons dans de l'huile d'olive, puis réserver.
2. Faire revenir des oignons (+ ail) avec d'autres légumes dans un fait-tout, mouiller à hauteur et laisser frémir avec des épices et aromates.
3. Option : rajouter un peu de lait végétal pour l'onctuosité et laisser frémir.
4. Sortir du feu et ajouter des œufs mollets coupés en deux et les champignons.

Ne pas oublier les bases du brunch

- Omelette ou œufs brouillés.
- Tartine de miel non pasteurisé.
- Smoothie ou jus pressé maison.

GUEULETON

SAVOURER SANS SE DÉTRUIRE LA SANTÉ

Un repas est insipide, s'il n'est
assaisonné d'un brin de folie

ERASME

La gloutonnerie châtie le glouton. (...).
L'indigestion est chargée par le bon Dieu
de faire de la morale aux estomacs

VICTOR HUGO

Le B.A.BA

L'alimentation est l'un des piliers les plus importants de la santé. Selon l'Organisme mondial de la santé[75], la malnutrition comprend la dénutrition (insuffisance pondérale, retard de croissance...), les carences en minéraux ou vitamines et le surpoids/obésité. Toujours selon cette organisation, une personne sur huit serait obèse en 2022[76] (l'obésité étant une surcharge pondérale supérieure au surpoids). L'obésité s'est multipliée par deux en 40 ans et même par quatre chez l'adolescent. En 2022, 2,5 milliards d'adultes seraient en surpoids ou obésité, notamment dans les pays à revenu élevé. À l'inverse, 390 millions d'adultes seraient dénutris et la moitié des décès infantiles de moins de 5 ans seraient liés à la dénutrition, notamment dans les pays aux revenus défavorisés. Enfin, les carences alimentaires au quotidien, responsables de dysfonctionnements physiologiques concernent encore plus d'individus. La malnutrition, dans toutes ses formes, tue, ou facilite fortement les risques de souffrance et de mortalité. Le champ de l'alimentation est indispensable à la vie humaine et à son bien-être. Les conseils de ce chapitre concernent notamment une alimentation complète et saine, au service de la santé, en ciblant davantage les thématiques des carences et du surpoids.

L'Homme mange, boit et respire afin d'apporter les matériaux nécessaires aux cellules. Ce qu'on ingère est important, car il ne viendrait pas à l'idée d'espérer une maison résistante en la construisant à partir de parpaings poreux et fragiles, ou encore d'espérer que la voiture avance en y mettant le mauvais carburant.

Il est bien sûr difficile de tout le temps manger parfaitement en suivant les recommandations des nutritionnistes. Comment ne pas craquer pour une raclette entre amis, une côte de bœuf en été, ou tout autre repas alléchant durant les fêtes familiales ? Les repas rassemblent. Alors, comment profiter de ces temps conviviaux sans s'abîmer la santé, sans se frustrer ou culpabiliser ?

Comprendre la digestion et la faim

Que se passe-t-il lorsque l'on mange ?

La digestion a pour but de réduire l'aliment brut qui est ingéré (exemple : la pomme) en petites molécules assez fines pour passer la membrane digestive et entrer dans le sang. À partir de ce moment, les molécules sont envoyées là où elles peuvent aider. En revanche, celles qui n'intéressent pas l'organisme sont stoppées et neutralisées par la barrière intestinale. Tout ce processus prend entre 12 et 72 heures en moyenne chez l'adulte. La muqueuse intestinale aurait une superficie de plus de 30 m^2. À chaque bouchée, c'est une opération très complexe qui assure un travail minutieux et subtil d'assimilation des molécules souhaitées et de filtration et neutralisation des molécules non souhaitées et/ou néfastes.

Pour permettre à la pomme d'être digérée, il y a deux mécanismes :

- Le brassage et la propulsion : de l'assiette aux toilettes, il y a une succession de contractions-relâchements de la bouche jusqu'à l'anus pour faire avancer l'aliment sur chaque étape. Cette coordination du système s'appelle le péristaltisme et permet de faire avancer un contenu à l'intérieur d'un organe creux.
- La sécrétion : des fluides et des enzymes sont sécrétés sur le chemin pour faire glisser le bol alimentaire (la masse alimentaire ingérée), protéger les parois et dissoudre le contenu tout au long du trajet. La vue ou l'odeur de la nourriture font déjà saliver, préparant ainsi le corps à accueillir les aliments dans la bouche. Voici un premier intérêt à cuisiner, même simplement : profiter au maximum de ces couleurs et odeurs. Cela déclenche également la sécrétion des acides, du mucus protecteur et des fluidifiants dans l'estomac, favorisant la digestion. Les acides

aident à réduire les aliments en petites molécules, le mucus à protéger les parois du système digestif et les fluidifiants à faciliter le passage de la bouche (salive) jusqu'à l'absorption et l'extraction (pour les selles).

Une fois l'ingestion de l'aliment réalisée, les deux mécanismes se mettent en place pour permettre la digestion. Différents organes vont permettre de réduire l'aliment en petites molécules :

- La bouche : on mâche, on mastique, on dégrade complètement l'aliment avec l'aide des dents et de la salive qui fluidifie et agit sur l'aliment en commençant la digestion par le biais d'enzymes. Cela crée le bol alimentaire, une boule visqueuse qui va descendre dans l'œsophage puis dans l'estomac.
- L'estomac : dans lequel des sucs gastriques, un mélange d'acides et d'enzymes, sont déversés et permettent la décomposition de l'aliment afin de préparer leur disponibilité. Le pH de l'estomac est de l'ordre de 1 à 2 sur 14[77], ce qui est extrêmement acide. Sans un mucus particulier qui le protège, il se digérerait lui-même[42].
- L'intestin :
  - L'intestin grêle est un long conduit qui reçoit le bol alimentaire dissous dans l'estomac. Le pancréas déverse des enzymes et la vésicule biliaire la bile afin de préparer l'assimilation des sucres, des graisses et d'autres nutriments. La barrière intestinale sélectionne ce qui a le droit de rentrer dans l'organisme par le biais du sang et ce qui est toxique ou indigeste. Si la douane fait mal son travail, elle peut faire entrer n'importe quelle substance, ce qui augmente les risques d'infection, d'intoxication et ainsi d'inflammation.
  - Le gros intestin assure la finalisation. Tout ce qui n'a pas été digéré s'y concentre pour préparer la matière fécale. Le gros intestin récupère l'eau pour créer une masse plus solide afin de créer des selles plus faciles à extraire. C'est la maison du microbiote intestinal, qui s'occupe de digérer les fibres tout en générant des vitamines essentielles.

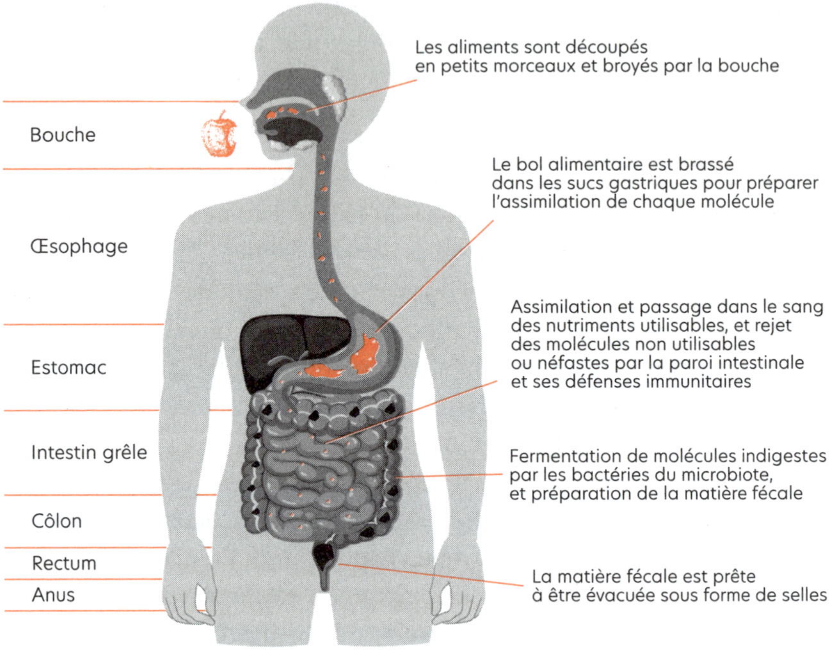

Les trois quarts des cellules spécialisées pour le système immunitaire sont concentrés autour du tube digestif, et notamment dans l'intestin pour assurer une barrière protectrice contre tout intrus malveillant. C'est pour cela que nous défendons l'idée que la santé commence déjà par l'assiette, et qu'à l'inverse, ingérer n'importe quoi peut avoir de nombreuses conséquences. La densité bactérienne et d'autres micro-organismes augmentent au fil de l'intestin pour avoir une concentration maximale dans le gros intestin, ce qu'on appelle le microbiote intestinal.

LE MICROBIOTE INTESTINAL : NOTRE ALLIÉ INVISIBLE

Le microbiote humain désigne l'ensemble des micro-organismes (bactéries, virus, champignons…) qui peuplent notre corps : peau, bouche, intestins, vagin, etc.

Ils vivent, se nourrissent, interagissent avec nous et influencent directement notre santé.
Notamment dans l'intestin, ces micro-organismes forment une symbiose bénéfique : nous leur offrons un habitat et des nutriments (comme les fibres), et en retour, ils :

- soutiennent l'immunité ;
- produisent des vitamines et des acides gras essentiels[78] ;
- renforcent la barrière intestinale ;
- facilitent la digestion et l'absorption.

Un microbiote sain et diversifié est essentiel à l'équilibre du corps. À l'inverse, un déséquilibre (appelé dysbiose) peut augmenter la perméabilité intestinale, provoquer inflammations, troubles digestifs et affaiblissement immunitaire.

Comment nourrir un microbiote sain ?

Deux types d'aliments sont essentiels :

- prébiotiques (fibres non digestibles qui nourrissent les bonnes bactéries) : ail, oignon, poireau, lentilles, pois chiches, flocons d'avoine, céréales complètes…
- probiotiques (apport direct de bonnes bactéries) : légumes lacto-fermentés (choucroute, olives), yaourts non pasteurisés, levain, miso, kéfir, bière artisanale…

PS : la lactofermentation ne contient pas de lait, c'est une méthode naturelle de conservation qui favorise les bactéries lactiques bénéfiques.
D'ailleurs, il est inutile de diaboliser les bactéries, elles ont été vitales pour nos ancêtres[19]. En effet, au Néolithique, le lait d'autres mammifères ou les premières céréales cultivées consommés par les Hommes étaient fortement indigestes. De ce fait, la qualité de vie des individus s'est fortement réduite, notamment à cause de l'inconfort digestif et des carences. Ils ont alors appris à utiliser le

pouvoir des micro-organismes. La fermentation de la farine créa le levain, ce qui rendit le pain plus digeste et facilita la métabolisation de beaucoup d'énergie. La fermentation du lait en yaourt ou en fromage a permis d'avoir des bactéries qui consomment le lactose, le rendant plus digeste. La viande était faisandée pour être attendrie et plus digeste également. La saumure (immersion dans de l'eau salée) rendit comestible les olives par le développement de bactéries lactiques (lacto-fermentation)...
Aujourd'hui, le vin, la bière, les fromages, le pain, les yaourts, les olives... ne sont que des aliments alcoolisés, gras, amidonnés, salés... Les aliments qui furent nutritifs pendant des millénaires sont aseptisés aujourd'hui par souci d'hygiène. L'industrie agro-alimentaire sécurise ses produits pour réduire les risques d'infection. La pasteurisation, par exemple, est le fait de chauffer l'aliment pour tuer les bactéries. Le souci, c'est que cela tue également les bactéries qui seraient favorables à l'organisme. Par exemple, en France, seulement 10 % des fromages sont réalisés au lait cru, et les probiotiques sont pratiquement introuvables en supermarché.
À l'inverse, les produits industriels, le stress chronique, les pesticides et bien d'autres poisons du quotidien détruisent les bactéries qui sont bénéfiques à l'être humain. **Manger vivant, prendre soin du vivant qui nous entoure, permet d'être d'autant plus vivant !**

Pourquoi l'être humain a-t-il besoin de manger ?

L'Homme a besoin de consommer d'autres matières vivantes pour alimenter son organisme. Cela demande un travail de recherche pour trouver les différents nutriments dont il a besoin. Dès lors, l'organisme génère des signaux de faim afin d'orienter son action dans la quête d'aliments. Le corps humain est profilé à partir d'un ADN hérité de centaines de milliers d'années. À cette époque, il n'y avait pas de supermarchés ou de restaurants. Aujourd'hui, la diversité d'aliments est importante et la nourriture est plus facile d'accès pour beaucoup d'individus, particulièrement en Europe. Cela n'a pas été le cas pendant des millions d'années. Il suffit d'imaginer « ironiquement » le temps de cueillette, de chasse et de culture (et toute la marche nécessaire) qu'il faudrait pour préparer une pizza *Regina* : des céréales à moudre pour la farine, du sel, des tomates, de l'eau désinfectée, du jambon de sanglier (puisque le cochon n'existait pas), des champignons et du basilic. Pour peu que ce soit la fin de l'été, le printemps ou l'hiver, certains de ces ingrédients seront même introuvables.

La faculté de déplacement est fabuleuse, mais nécessite beaucoup d'énergie. Il faut trouver de la nourriture pour avoir l'énergie de trouver de la nourriture... Un cycle stressant qui fait de l'alimentation (et l'hydratation), avec la reproduction, la première motivation de tout animal, l'Homme y compris. Lorsque le cerveau envoie le message de « manger », il demande de chercher de quoi « survivre ». Pour signaler ce message, le corps utilise une hormone appelée ghréline.

Comment s'installe le rassasiement ?

La sensation de rassasiement (« je n'ai plus faim ») permet la satiété (« je n'ai pas envie de manger ») et est activée par l'hormone antagoniste de la ghréline : la leptine. Elle est sécrétée dans plusieurs cas :

- Lorsque l'estomac est plein : si on continue d'avaler des aliments, à ce moment l'estomac se distend. Pour limiter ce processus, le corps sécrète la leptine dès que l'estomac est plein, informant qu'il faut arrêter de manger. Cette sensation peut s'estomper rapidement si le contenant de l'estomac est facile à digérer, comme pour les produits transformés et raffinés.
- Lorsque l'organisme a détecté avoir mangé suffisamment de nutriments pour les besoins et/ou que l'intestin est plein : en mâchant, des capteurs commencent déjà à identifier la composition

du bol alimentaire. Cela permet d'informer le foie de la quantité d'enzymes digestives spécifiques à préparer puis à sécréter. Le cerveau et l'intestin analysent le contenu de l'alimentation et incitent à la satiété dès lors qu'ils captent que c'est suffisant. À l'inverse, il semblerait que la faim continue d'agir tant que des carences persistent, même si la quantité d'énergie est plus grande que nécessaire[79].

Pourquoi les aliments mauvais pour notre santé font-ils tant envie ?

> Je ne crois pas qu'il y ait de bons
> ou de mauvais aliments,
> (...) je dirais que c'est d'abord des rencontres...,
>
> **TIRADE EMPRUNTÉE À OTIS**

Premièrement, nul besoin de diaboliser ou de louer tel ou tel aliment. Un végétal aspergé de produits chimiques n'est peut-être pas si bon ; un fromage au lait cru de vache élevée dans des conditions paysannes n'a peut-être pas que du mauvais. Cependant, qu'est-ce qui fait que l'on est plus attiré par un hamburger, une pizza, un gâteau au chocolat ou encore des bonbons, au détriment de radis, de courgettes ou encore de choux ?

Tout ce qui se passe dans le cerveau a permis à Homo sapiens de survivre pendant des millions d'années. **Le mode de vie contemporain est en décalage avec les réflexes de survie du cerveau, car il ne fonctionne plus dans le même contexte**. Les industriels l'ont bien compris et jouent sur la composition des aliments :

- Le sel est réputé pour être un exhausteur de goût. Le chlorure de sodium a la particularité d'améliorer la sapidité d'un aliment en intensifiant la perception des saveurs. La composition chimique du sel fait rentrer les arômes volatils dans la salive, ce qui augmente le temps et l'intensité perçus par les papilles. Quel que soit l'aliment, il sera perçu comme meilleur avec un peu de sel.

- Le gras est un révélateur aromatique. Sa consistance améliore l'onctuosité d'un aliment, et il permet de mieux fixer les arômes, car une bonne partie est liposoluble, ce qui permet d'augmenter la persistance et l'intensité des saveurs dans la bouche.
- Le sucre aussi augmente considérablement le goût.

La langue est composée de cellules qui captent les goûts, les saveurs, et permettent d'analyser ce qui est mâché pour vérifier la comestibilité et l'intérêt nutritif. Ces cellules communiquent avec la partie du cerveau qui commande la faim ou la satiété. Une perception très acide et amère peut s'apparenter à un fruit pourri et coupe les signaux de faim. À l'inverse, un aliment sucré ou salé ouvrira les portes de la faim, en déclenchant aussi de la dopamine pour motiver (ce qui explique les risques d'addiction à la nourriture). Jadis, pour s'assurer de la comestibilité, un individu devait sentir, sucer et mâcher lentement. Aujourd'hui, avec les normes d'hygiène, la comestibilité d'un aliment semble sûre, sa consommation se fait les yeux fermés, et donc beaucoup plus rapidement.

Pourquoi le sel, le gras et le sucre ?

Tout simplement, car ce sont trois composants fondamentaux de l'organisme. Les glucides (sucres) et les lipides (gras) sont les sources d'énergie indispensables du corps humain. Le sel est un régulateur des fluides dans le corps et permet notamment à l'eau et aux nutriments de circuler à travers les parois. Dans la nature, c'est en chassant, pêchant et cueillant divers aliments que l'on peut satisfaire nos besoins concernant ces trois composants. En revanche, dans une société industrielle, on trouve ces trois éléments dans un même plat comme le hamburger, la chips ou la pizza. Le cerveau est immédiatement satisfait et génère une grande quantité de dopamine. Pour lui, c'est l'aliment parfait pour survivre[80].

Mais le souci est double. D'un côté, la quantité de calories par rapport à la taille de l'aliment est excessive. De l'autre, la qualité des aliments est souvent mauvaise dans ce genre de plats (elle l'est moins si vous avez pris le temps de composer votre pizza vous-même avec des aliments frais). Nos ancêtres faisaient la course aux calories, car il n'y avait pas l'abondance actuelle et le mode de vie nomade demandait beaucoup d'énergie pour se déplacer, résister au froid… Cela s'est inversé aujourd'hui avec le mode de vie sédentaire et l'alimentation opulente.

Pour finir, l'addiction au sucre s'explique par la difficulté de le trouver dans le milieu naturel, alors que le cerveau en consomme énormément. Dans la nature, le sucre est présent dans les fruits, la sève de certains arbres, la tige ou les feuilles de certaines plantes… Cela dit, rien d'égalable au shoot intense de sucre d'un bonbon et à la facilité d'accès d'un verre de soda.

D'ailleurs, il semblerait que la partie du cerveau qui reçoit les informations gustatives ait une plasticité. Différentes études révèlent que la perception d'un goût est aussi conditionnée. En effet, si l'on vit une sensation très désagréable avec un produit sucré par exemple, ce produit générera de la méfiance. L'habitude et le conditionnement participent aussi à la sensation de plaisir et d'attrait gustatif. Le bagage culturel entre également dans l'équation. On récompense un enfant avec un gâteau ou un bonbon et non avec une pomme. Son cerveau a appris à adorer ces aliments, en plus des saveurs associées. Pour preuve, le café ou le vin, qui sont des aliments avec un goût complexe et notamment amer, ne sont pas toujours appréciés spontanément. C'est à force de goûter que l'on finit par aimer. Par ailleurs, ce sont des boissons « conviviales » qui rassemblent dans notre culture. Il est fréquent de prendre une pause autour de la machine à café, et vins et champagnes s'invitent sur la plupart de nos tables dès qu'il s'agit de fêter un événement. Est-ce la présence traditionnelle de ces produits qui nous les fait apprécier, ou est-ce parce qu'on les apprécie qu'on les rend souvent présents ? Sûrement un mécanisme qui s'auto-alimente depuis longtemps.

Pourquoi mangeons-nous autant ?

La pulsion alimentaire est un héritage naturel

Si on se jette sur la nourriture, c'est que l'évolution nous a enseigné à ne pas perdre trop de temps afin qu'un autre animal ne nous subtilise pas notre repas. Un renard qui tombe sur un cerf venant de mourir va manger le maximum et le plus rapidement possible. Parce que lorsqu'un ours arrivera, il devra céder la place. L'ours, ayant acquis le statut de super prédateur, n'aura, lui, aucune raison de se dépêcher de manger, car aucun autre animal ne viendra le chasser.

Dans son état naturel, l'Homme a toujours été comme le renard ou la hyène : un opportuniste. Lorsqu'il découvrait une source de nourriture, il devait se dépêcher de manger le plus possible avant qu'un prédateur plus puissant n'arrive et ne le chasse. C'est seulement grâce à sa technologie que l'Homme a su se hisser au sommet de la chaîne alimentaire. En revanche, son ADN n'a pas encore eu le temps de se modifier. Face à une source de nourriture, le cerveau lui demande donc de se dépêcher et d'en absorber le plus possible, comme il le ferait à « l'état sauvage ». Aujourd'hui, l'Homme est en haut de la chaîne alimentaire, mais ne se comporte pas comme tel. **Homo sapiens n'a acquis que trop récemment, et de façon fragile, le statut de super prédateur** (qui s'efface aussitôt que l'un d'entre nous se retrouve seul, sans arme, dans une forêt peuplée d'autres prédateurs), pour agir en conséquence[17].

LE GASPILLAGE N'A PAS D'ÂGE

Il semblerait que la pulsion alimentaire soit bien une caractéristique des gènes humains. Nos ancêtres chasseurs-cueilleurs ne gaspillaient pas moins qu'aujourd'hui. Mais cela était moins alarmant car ils étaient en plus petit nombre. La masse humaine actuelle génère pour chaque petite dérive individuelle un impact collectif énorme. Les chasseurs-cueilleurs sont fortement impliqués dans l'extinction de gros animaux comme les mammouths ou les aurochs (l'ancêtre de la vache)[19]. L'usage du feu a permis, semblerait-il, de chasser en brûlant des forêts entières[17]. Il ne restait plus qu'à ramasser les animaux cuits à point. Homo sapiens serait aussi responsable de l'extinction des grands marsupiaux d'Australie. Beaucoup d'os d'animaux ont été trouvés dans des fosses communes, semblables à de gigantesques pièges. Le fait de ne pas y trouver de marques sur les os laisse présumer que la chair n'y avait pas été découpée, ou du moins, que la viande n'avait pas été raclée intégralement, indiquant du potentiel gaspillage.

La pulsion alimentaire est aussi un héritage culturel

L'accélération des rythmes de vie favorise une consommation alimentaire rapide. L'évolution technologique a permis de libérer du temps en facilitant un bon nombre de tâches laborieuses. Il est possible d'optimiser la moindre seconde et le temps, aussi relatif soit-il, paraît s'écouler à une vitesse ahurissante. L'accélération technique favorise l'augmentation et l'efficience du temps de travail, ce qui accélère la cadence[81]. Les expériences s'accumulent plus rapidement, mais certaines activités (pourtant les plus essentielles comme s'alimenter, se reposer et discuter) passent en second plan. À cause de cela, les déjeuners peuvent être engloutis en quelques minutes pour retourner travailler, ou encore être consommés devant l'écran. Une sorte de chronomètre plane sur l'heure « autorisée » de déjeuner. L'habitus[82] que l'on hérite de son ou ses environnements sociaux devient alors difficile à écarter. On imite et adhère (plus ou moins volontairement) à cette accélération et ces habitudes sociales, de peur d'être distancé par le reste du monde.

Une autre explication à cette pulsion alimentaire et à la surconsommation actuelle réside dans l'héritage historique récent. Le XXe siècle fut très guerrier, ainsi la population et la terre furent meurtries. À la fin de la Seconde Guerre mondiale, la nécessité d'alimenter la population française, rachitique et blessée, a déclenché un besoin d'agriculture rentable et productive. La quantité de calories à produire pour nourrir tout le monde est passée au premier plan, devant la qualité. Dès lors, cette peur de manquer amène une mentalité d'un « manger plus, plutôt que pas assez ». Cela a suffisamment imprégné les générations précédentes pour imbiber la mentalité générale. Les Trente Glorieuses ainsi que l'avancée technologique et industrielle qui suivirent furent le terreau idéal pour cet esprit d'opulence. En permettant de produire toujours plus pour moins cher, la culture de la surconsommation est difficilement freinable.

L'alimentation est un cadeau culturel

Lorsqu'on demande à quelqu'un « pourquoi mangeons-nous ? », les réponses tournent autour du concept d'apport énergétique et de santé. Et pourtant, manger est bien plus vaste que cela : c'est aussi un plaisir. La majorité des événements importants se font autour d'un repas ou d'une collation : pot de départ, mariage, Noël, anniversaire… Manger n'est plus seulement s'alimenter, c'est aussi se retrouver et partager. L'héritage traverse les cultures et un repas est devenu un moment que l'on peut partager. Festoyer a eu aussi un rôle important de ciment communautaire[83] pour notre espèce, comme nous l'avons vu pour l'alcool précédemment.

La société d'abondance a permis une réelle culture de la gastronomie. Aujourd'hui, manger est un art de vivre, un plaisir. Lorsque l'on pense « soleil et copains », une odeur de barbecue ou un pique-nique sur la plage peut s'immiscer dans la tête. Malgré les explications physiologiques et chimiques, la vraie raison réside ici : on aime manger et surtout, on aime manger en bonne compagnie. Le fait d'avoir une disponibilité permanente d'aliments n'aide en rien à la régulation des pulsions alimentaires issues de l'évolution. S'il était nécessaire de se débrouiller pour trouver tous les aliments et préparer tous ses plats, nous ne mangerions certainement pas autant. En milieu naturel, les êtres vivants luttent contre les facteurs limitants qui les empêchent d'avoir une croissance infinie : les arbres luttent contre les lois de la physique et dépendent de la disponibilité en soleil et en eau ; les plantes herbacées luttent contre les herbivores ; les herbivores luttent contre la prédation ; les prédateurs dépendent du nombre d'herbivores… **Homo sapiens a réussi à pallier ses facteurs limitants en ayant un accès facilité à la ressource alimentaire, une protection face à la prédation… mais le fonctionnement biologique n'est pas encore adapté à cela**[11].

En France, une grande partie de la population a cette chance inouïe de manger à sa faim, et qui plus est, des plats gourmands. Cependant, la quantité et la qualité peuvent empoisonner notre quotidien par des ballonnements, des nausées, des flatulences, un excès de graisse, des somnolences prolongées durant le travail, des maladies… Quelles sont les conséquences de ce que l'on appelle communément un « gueuleton » ?

POURQUOI MANGE-T-ON BEAUCOUP AUJOURD'HUI ?

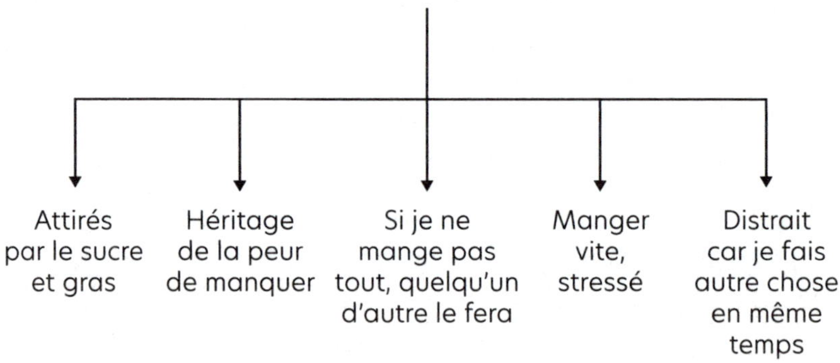

Comprendre les conséquences d'un repas trop abondant

Après un buffet à volonté ou encore un grand repas de famille, qu'arrive-t-il à l'organisme ?

Il existe quatre gênes immédiates principales :

- la fatigue : somnolence, perte de motivation et difficulté de concentration ;
- les ballonnements, voire les douleurs abdominales ;
- les remontées acides ;
- les flatulences (pets) et les éructations (rots).

En plus de ces perturbations à court terme, les repas trop copieux et l'alimentation en général peuvent avoir des conséquences néfastes à long terme :

- danger accru d'obésité ;
- risque de diabète et/ou troubles hépatiques ;
- problèmes cardiovasculaires ;
- ostéoporose ;
- cancer et troubles immunitaires.

Les astuces proposées par la suite vont permettre d'éviter les gênes à court terme. En suivant au quotidien les grandes tendances proposées ici, vous serez capable de **créer des plats gourmands, gourmets, et plutôt favorables pour votre santé.**

Fatigue

D'où vient ce « coup de barre » qui nous fait somnoler après avoir mangé ? Si l'on se réfère au réflexe primitif vu précédemment, on comprend que la faim augmente la vigilance pour trouver de la nourriture afin de survivre. À l'inverse, une fois repus, l'estomac et l'intestin déclenchent la sécrétion de leptine, installant la sensation de satiété. Ils provoquent également la sécrétion de cholécystokinine, qui incite au sommeil. En effet, digérer demande beaucoup d'énergie à l'organisme entre les sécrétions, le brassage du péristaltisme et l'assimilation des nutriments. Le corps crée une somnolence post-repas pour éviter qu'une activité trop énergétique ne vienne perturber l'activité digestive. Le système digestif fait en sorte de pouvoir travailler sans être dérangé durant les prochaines heures. De ce fait, plus les aliments ingérés sont difficiles et longs à digérer par leur consistance et leur complexité, plus le système digestif aura besoin de temps et d'énergie, plus le pic de somnolence sera important.

Si vous avez un déjeuner d'affaires et qu'il vous faut travailler l'après-midi, évitez le repas trop chargé en graisses et en protéines animales, et privilégiez des aliments légers, un repas frugal, suffisamment mâché.

LA SIESTE

Il faut savoir que la faim intervient en fin de matinée pour nous inciter à manger vers 11-13 h. À la suite du repas, la somnolence est générée naturellement. Dans la nature, une grande partie du règne animal fait la sieste en début d'après-midi, durant les heures les plus chaudes de la journée pour éviter les risques de déshydratation. L'humain est programmé pour cela également comme le montre la chronobiologie[57].

La société occidentale, toujours plus pressée et attirée par la productivité et le rendement, a mis de côté ce temps de repos qui serait pourtant essentiel pour... la productivité. Le moment travaillé en début d'après-midi est moins efficace et la sieste permet d'améliorer sa mémoire, d'avoir plus d'énergie et davantage de créativité. L'esprit commence à créer et à imaginer lorsqu'il vagabonde, et non lorsqu'il est focalisé sur une tâche. Une sieste d'une vingtaine de minutes suffit. Même sans dormir, le fait de se reposer apporte des bienfaits.

Ballonnements et inconforts digestifs

Lors d'un repas festif ou d'un déjeuner d'affaires, de nombreuses distractions sont présentes : les discussions amènent à manger plus vite… Cela entraîne une mastication bâclée à chaque bouchée avant d'avaler. Or, cela vient « pré-digérer » la nourriture et la mêle à la salive. Cette dernière permet de lubrifier et de fluidifier les aliments tout en utilisant des agents actifs commençant à les dissoudre. La salive est essentielle à la constitution d'une masse déjà broyée, le bol alimentaire. Lorsqu'elle arrive dans l'estomac, il n'a plus qu'à finir le travail. Quand la mastication est négligée, l'estomac prend plus de temps et d'énergie pour préparer le bol alimentaire. Par conséquent, la vidange gastrique (vitesse à laquelle les aliments sont digérés, assimilés puis évacués) est plus lente, faisant apparaître des sensations de ballonnement, voire des maux de ventre.

Aussi, le type de nourriture ingéré a un impact sur la digestion. Les aliments riches en glucides complexes comme l'amidon (les pommes de terre par exemple) ou encore en protéines nécessitent plus de temps de dégradation et d'assimilation, ce qui demande beaucoup d'énergie et ralentit l'avancée de la digestion.

Finalement, la sensation de ballonnement vient d'un système digestif trop rempli, qui lutte pour dégrader des aliments trop chargés, ce qui ralentit tout le processus et le rend plus difficile. La conclusion reste la même, tout en vous réjouissant de ce temps convivial passé à table, **pensez à mastiquer longuement chaque bouchée, à ne pas manger jusqu'au trop-plein, et à veiller à manger des aliments digestes**.

Remontées acides

Cela s'appelle également « acidité gastrique », mais en réalité c'est un reflux gastro-oesophagien. Il s'agit d'une sensation de brûlure au niveau de l'estomac et qui remonte même dans la gorge le long de l'œsophage (le tube qui amène la nourriture de la bouche à l'estomac).

On parle d'acidité, car de l'acide chlorhydrique est sécrété dans l'estomac. Bien entendu, ses parois sont prévues pour tolérer cette acidité grâce à un mucus protecteur. Cependant, une présence trop forte d'alcool, de graisses, ou une trop grande quantité d'aliments, nécessite une quantité d'acides digestifs et un temps d'application qui peuvent irriter l'estomac ou surtout faire pression sur le sphincter du haut qui protège des remontées des acides digestifs : le cadia. Néanmoins, à la suite d'un repas trop copieux, le contenu de l'estomac est bloqué par le sphincter pylorique (celui du bas), car la « chyme » n'est pas prête (c'est-à-dire que le bol alimentaire n'est pas assez dissous pour passer dans l'intestin), exerçant une pression sur la partie haute de l'estomac, il se peut alors que ce sphincter dysfonctionne temporairement. Les raisons peuvent être multiples, le simple fait de s'allonger longtemps directement après le repas, le stress ou encore l'alcool, viennent perturber le sphincter et laissent ainsi l'acidité gastrique toucher les tissus de l'œsophage.

Heureusement, il existe des astuces pour soulager ces brûlures d'estomac (qui sont en réalité des brûlures de l'extrémité de l'œsophage) qui seront précisées dans les solutions.

VOMIR

Au même titre que pour l'alcool, le « vomi stratégique » est une fausse bonne idée. Premièrement, vomir est une sensation très désagréable, car la nourriture mélangée aux différents acides présents dans l'estomac remonte le long de l'œsophage. Or, ces parois ne sont pas adaptées à une telle acidité comme nous l'avons vu, ce qui l'irrite.

Deuxièmement, le fait de leurrer le corps entre forte alimentation et faible assimilation perturbe la régulation de la faim et amène à des troubles alimentaires.
La boulimie vomitive fréquente chez les personnes anorexiques est le fait de se laisser aller à de grosses pulsions alimentaires, puis de se faire vomir pour ne pas prendre de poids. Cette pratique est dangereuse, car les substances acides passent régulièrement dans les zones irritables. Cela détériore très rapidement l'œsophage et peut créer un ulcère à la bouche, ou accélérer le déchaussage des dents. De surcroît, cela amène au dysfonctionnement du sphincter cadia et à des troubles alimentaires encore plus prononcés.

Flatulences et éructations

Flatuler est un phénomène normal et naturel, car le corps doit éliminer les gaz absorbés ou générés[84]. Un être humain pète une quinzaine de fois par jour, ce qui permet d'évacuer 0,5 à 2 L d'air. Ces gaz évacués par l'anus sont en grande partie de l'air ingéré, mais aussi des gaz issus de l'activité fermentative des bactéries du microbiote. Il est nécessaire de les laisser s'évacuer, retenir ses pets n'est pas sain, car ces gaz prennent de la place (inconfort) et peuvent être acidifiants.

Après un repas, l'estomac se gonfle, car il est rempli d'aliments d'une part, mais également d'air qui pénètre lors de la déglutition. Cet air occupe beaucoup de place et sera évacué par éructation (le rot) ou par flatulences (le pet). On avale d'autant plus d'air :

- qu'on ne prend pas le temps de mâcher ;
- qu'on avale de grandes bouchées ;
- que l'on mange tout en discutant.

Pour réduire ce que l'on appelle l'aérophagie (manger l'air), il peut être intéressant d'essayer de changer ses habitudes si l'on a tendance à prendre de grosses quantités en bouche, à mâcher insuffisamment, ou à parler la bouche pleine.

Lorsque le microbiote dégrade certaines fibres par fermentation, cela crée des gaz quasiment inodores. Un bon microbiote peut en créer beaucoup. En revanche, lorsque le microbiote dégrade les protéines par putréfaction, notamment les protéines d'origine animale, l'odeur est désagréable, soufrée. Une alimentation très protéinée sera favorable à des pets puants. Finalement, générer beaucoup de flatulences est le signe d'un microbiote bien nourri et en activité, cependant cela ne doit pas générer d'inconfort et d'odeurs désagréables.

Quelle alimentation pour Homo sapiens ?

Une alimentation déséquilibrée risque d'être à l'origine de problèmes de santé et de perturber la vie quotidienne. De l'obésité aux carences alimentaires, un organisme saturé de toxines, de graisses et manquant de nutriments freinera rapidement le bien-être général.

La difficulté est de connaître l'alimentation parfaitement adaptée à l'Homme de manière générale, et à chacun d'entre nous en particulier. Pour un loup, c'est évident : il s'agira de la viande. Pour un cheval : des végétaux herbacés. Mais pour l'Homme, qu'en est-il vraiment ? Il est omnivore.

À noter : en fonction de l'endroit où l'on se trouve dans le monde, il y a des aliments comestibles complètement différents, et tout de même des gens en bonne santé. Alors, comment s'y retrouver ?

Quels aliments peut-on consommer ?

> Rien n'est poison, tout est poison ;
> c'est la dose qui fait le poison
>
> **PARACELSE**

Il n'y a pas d'aliment miracle, garantissant une bonne santé à coup sûr. C'est la condition même d'omnivore : l'être humain peut presque manger de tout, mais rien n'est réellement parfaitement adapté pour lui[55]. Le loup et le cheval sont parfaitement programmés pour consommer une source alimentaire en particulier, tandis que l'Homme a l'opportunité de survivre grâce à de multiples sources alimentaires, ce qui ne l'en rend pas dépendant. Un loup qui n'a plus de proies va mourir de faim, tandis qu'Homo sapiens pourra toujours trouver des nutriments végétaux ou animaux divers pour survivre. Cette indépendance a permis à notre espèce de parcourir le monde et de s'acclimater à un nouvel environnement. En revanche, le prix à payer est que dans chaque aliment « comestible » peuvent se cacher des molécules pouvant être néfastes. Prenons le cas des tannins (polyphénols) : leur consommation est favorable à la protection antioxydante et à la désinfection microbiotique, mais en fonction de la source ou de la quantité, elle peut générer des intoxications ou d'autres problématiques. Selosse précise que chaque aliment est un cocktail chimique qui contient du bon et du mauvais en proportion. Le niveau de maturation, la cuisson ou la quantité ingérée modifieront le cocktail. Par conséquent, il n'y a pas d'aliment miracle pour la santé, car même une carotte ou du gingembre, par exemple, consommés en excès, peuvent amener des risques physiologiques. Heureusement, les tannins des aliments déclarés comestibles sont en trop faible quantité pour que le risque soit vraiment réel. Pour conclure, « *s'alarmer d'un aliment et crier à l'aliment miracle est une incompréhension de l'essence omnivore* », selon Selosse[55].

Et pourtant, il n'est pas rare qu'un aliment ou un complément alimentaire se retrouve à la tête de tous les magazines comme remède universel. Même si le chocolat noir et l'avocat ont une composition très intéressante, s'en alimenter en permanence ne garantira pas forcément la pleine santé.

POURQUOI SE LASSE-T-ON DES SAVEURS[85] ?

La première bouchée d'un mets délicieux est toujours la plus intense : ensuite, le plaisir décroît. Ce phénomène, lié à l'habituation hédonique[11], pousse à chercher sans cesse de nouvelles saveurs pour continuer à stimuler

la dopamine. C'est une stratégie héritée de l'évolution : explorer, varier, oser. Ce mécanisme adaptatif favorise l'exploration alimentaire, optimisant ainsi les chances de survie[86] selon les principes de la biologie évolutive.
Cette satiété sensorielle spécifique constitue une réponse biologique clé chez les omnivores. En limitant l'attirance pour un aliment consommé de manière répétée, elle incite à la diversification alimentaire. Ce processus permet de réduire les risques de toxicité liés à une alimentation trop uniforme, tout en prévenant les carences nutritionnelles.

Quel « régime alimentaire » adopter ?

La priorité, ce sont les habitudes alimentaires, c'est-à-dire la quantité et la qualité de la masse générale d'aliments ingérés. Un « régime » diététique à court terme a peu de chances de faire acquérir à l'organisme les effets recherchés, car 99 % des « régimes » ne présentent pas à la longue les effets escomptés[79].

Dans cette partie, le régime alimentaire ne signifie pas la restriction calorique, mais la façon générale de s'alimenter. Quelle part de végétaux, de protéines animales, d'oléagineux (graines, noix…), de céréales ou encore de légumineuses, Homo sapiens a-t-il besoin ?

Homo sapiens a colonisé la terre entière, et il est impossible d'avoir le même régime alimentaire partout dans le monde. Même si la condition d'omnivore permet à chaque individu de s'adapter, la sélection naturelle conserve ceux qui développent les mutations et les adaptations les plus favorables dans un contexte donné. Ainsi, un être humain vivant dans le Nord n'a pas à sa disposition la même quantité et la même diversité d'aliments qu'un être humain vivant dans les pays chauds ou tempérés du sud. La sélection naturelle a gardé et favorisé les mutations vers les individus étant les plus adaptés aux possibilités et besoins de la zone d'habitat. Ainsi, un Inuit qui vit dans une zone glaciaire avec une faible présence de végétaux a réussi à survivre grâce à un métabolisme capable de digérer et de tirer tous ses besoins des sources animales présentes. Un Hounza, peuplant les montagnes du Pakistan, se nourrit quasi exclusivement de végétaux. Les deux présentent une vitalité parfaite, une espérance de vie globalement identique à la moyenne et une absence quasi totale de problèmes cardiovasculaires. En revanche, si l'on intervertit les deux populations, elles meurent très rapidement, car leur métabolisme n'est pas adapté au climat et à la source alimentaire. Ceci pour expliquer qu'il n'y a pas UNE alimentation humaine, mais plutôt des alimentations dépendantes de l'environnement et des métabolismes de chacun.

Il n'est donc pas étonnant que l'organisme ait adapté ses enzymes pour assimiler les produits les plus présents dans l'environnement, qui sont d'autant plus utiles pour lutter contre le climat lorsqu'il est rude. La forte teneur en eau et glucides des fruits facilite la gestion de la chaleur, contrairement à la graisse et aux protéines animales qui alimentent les capacités de création de chaleur et d'isolation thermique contre le froid.

La première chose utile est de privilégier les aliments qui viennent de notre environnement. Consommer local, ce n'est pas juste pour réduire les dépenses énergétiques du transport, c'est surtout pour s'alimenter de façon adaptée aux besoins de l'organisme en fonction du lieu de vie et de la saison.

Toutefois, hormis quelques cas particuliers comme les Inuits, on retrouve des similitudes entre le régime des chasseurs-cueilleurs, celui des tribus primitives vivant toujours selon ce mode, et celui des habitants des zones bleues[87], qui ont tous comme particularité d'être en excellente santé. La tendance générale est liée à une majorité d'alimentation végétale, à hauteur d'au moins 70 %, avec des légumes, des fruits, des légumineuses, des céréales, des oléagineux… Le reste étant issu de l'animal (sa chair, ses organes, ou ses produits comme l'œuf ou le lait). Pour beaucoup d'entre eux, l'alimentation animale se résume à des œufs, à du fromage de chèvre au lait cru, des insectes, des mollusques ou un peu de petits poissons. L'être humain n'a pas besoin de manger en permanence de la chair animale.

C'est d'ailleurs depuis que certains peuples primitifs se sont ouverts au monde (notamment sur la nourriture industrielle et la restauration rapide) et ont adopté le mode de vie « occidental » que les problèmes cardiovasculaires, le diabète ou encore et les cancers arrivent dans ces populations, comme c'est le cas des Inuits[88], de peuples primitifs « bushmen[89] » africains ou encore sud-américains[90].

HISTOIRE DE L'ÉVOLUTION ALIMENTAIRE

Australopithèque est notre lointain ancêtre qui commençait déjà à se dissocier de nos cousins singes. Son alimentation est encore grandement composée de fruits et de végétaux. Si les herbivores passent leur temps à manger, c'est qu'ils tirent leur énergie de la cellulose de la plante. Cette nourriture est très abondante, car il y a de l'herbe et des arbres quasiment partout, mais cela n'apporte pas beaucoup d'énergie, ce qui demande de manger toute la journée. Par la suite, différents hominidés comme Homo habilis, Homos neandertalis, Homo sapiens (apparu entre 500 000 et 300 000 ans), perdirent la capacité de dégradation de la cellulose[30] (ils ne digèrent plus l'herbe). Dans une nature luxuriante, les sources végétales concentrées comme les fruits, légumes, graines et tubercules, ainsi que celles animales (insectes, charognes...) leur ont apporté plus de protéines au service d'un gain d'énergie et de nutriments pour le cerveau. Face à une surpopulation ou à des sécheresses, Homo sapiens a ensuite conquis d'autres territoires et recherché de nouvelles sources alimentaires. Cette activité de recherche et de survie a facilité le développement de ses capacités intellectuelles[30]. L'usage du feu, par la

« cuisson », a permis également de faciliter l'assimilation des aliments, notamment des protéines animales[9], ayant favorisé le développement cérébral et amenant à des modifications anatomiques. Homo sapiens, qui picorait à droite et à gauche pour s'alimenter, a affiné sa capacité de coordination et d'utilisation de sa bipédie, ainsi que ses outils pour chasser et continuer de se procurer plus de protéines.

Il y a environ 10 000 ans, de façon non connectée, plusieurs populations d'Homo sapiens se sont mises à domestiquer des animaux sauvages et à les sélectionner pour leur qualité ou à volontairement planter des graines dans le sol pour augmenter les sources végétales comestibles et nutritives. Cette sédentarisation a représenté un bouleversement progressif du modèle alimentaire. La création de villages a ensuite permis de stocker les surplus de production et d'avoir toujours des aliments disponibles. Cette sécurisation alimentaire a déclenché, en contrepartie, une baisse de la diversité nutritive et une augmentation des risques d'infection. Ce risque était dû à la proximité avec les animaux et leurs déjections ainsi qu'avec les zones humides créées pour les cultures. Les fortes carences associées et l'augmentation de l'exposition aux éléments pathogènes ont considérablement réduit l'espérance et la qualité de vie[91]. Cependant, certaines mutations ont permis de s'adapter à cette forme de vie. Les adaptations enzymatiques ont permis d'avoir plus d'amylases dans la salive, permettant de mieux assimiler l'amidon des céréales. En revanche, leur surconsommation laisse transiter des glucides plus longtemps dans la bouche, facilitant l'apparition de caries[19]. Pour le lactose, les individus sevrés se sont mis à boire le lait d'autres animaux. Avec le temps, l'activité enzymatique permettant de dégrader le lactose a perduré malgré le sevrage. Aussi, les populations ont appris à travailler les aliments pour réduire les risques d'intolérances et augmenter la teneur en nutriments, notamment avec le levain du pain ou la fermentation du lait pour le fromage.

Il manque cependant une étape, celle apparue il y a seulement 200 ans : l'industrialisation. Depuis le XIXe siècle, le paysage alimentaire s'est totalement transformé avec l'apparition en masse des sucres raffinés et des produits transformés (aliments étant cuisinés et transformés en usine selon des procédés de fabrication anti-nutritifs). Cela entraîna une perte des micronutriments qui contribua en partie à la mortalité massive par maladies cardiovasculaires à la fin du XXe siècle[92]. Petit à petit, ces aliments transformés remplis de sucres raffinés et de graisses saturées, couplés à la révolution technologique, ont modifié l'hygiène de vie des populations. L'impact de la technologie sur la sédentarité et le sommeil notamment a provoqué une évolution importante du taux d'obésité[93] et des maladies non transmissibles, surtout dans les pays développés. À titre d'exemple, les produits laitiers et raffinés représentent 72,1 % des calories totales consommées par les États-Unis en 2005, alors qu'ils n'auraient pas dépassé 2 ou 3 % chez nos ancêtres pré-agricoles[94].

Mais est-ce que c'était mieux avant ?

Finalement, il ne semble pas si évident pour bon nombre d'individus de se nourrir de chasse et de cueillette aujourd'hui.

En étant tributaire de la zone géographique et de la saison, nous mangerions moins, et les mêmes aliments durant de longues périodes. Au paléolithique, les sources alimentaires actuelles étaient bien différentes… Avant d'être cultivés, sélectionnés, voire croisés, les tubercules comme les carottes, les patates… étaient plus petits et durs, les abricots semblaient avoir moins de chair, les amandes auraient contenu plus de cyanure, les bananes semblaient plus petites et pleines de graines, la laitue avait des épines. Certains n'existaient pas, d'autres étaient beaucoup plus amers et/ou acides, du fait d'une présence de tannins protecteurs plus importants. C'est en chouchoutant et en cultivant intelligemment ces végétaux que l'Homme les rend plus tendres et savoureux, mais aussi moins concentrés en nutriments et sels organiques, semblerait-il. Il en serait de même pour la viande, où le gibier (animal sauvage à chair comestible) n'a pas une viande aussi tendre et grasse. La vache (dont l'ancêtre « auroch » n'existe plus) ou encore le cochon (dont le sanglier est le cousin) sont des animaux sélectionnés et entretenus par l'Homme, le domestiquant, permettant de générer des animaux plus goûteux et dociles. **Plus gros, plus sucrés, plus doux et faciles à produire, animaux comme végétaux, dont l'Homme s'est approprié la culture et l'élevage, devinrent tout de même plus pauvres en nutriments bénéfiques, ce qui tend à une plus faible richesse nutritive des aliments actuels**[95].

LE GÈNE ÉCONOME

Ce serait durant des périodes difficiles de l'Humanité (entre 15000 et 5000 ans avant notre ère), lorsque la nourriture fut rare dans de nombreux endroits du monde, qu'un fameux «gène économe» fit son apparition. Ce dernier est une mutation de sapiens qui aurait facilité la capacité de stocker les nutriments pour mieux résister au temps de famine. Les survivants étant ceux qui arrivaient à stocker la moindre calorie tout en réduisant l'énergie utilisée par le métabolisme au quotidien. Cependant, ce gène économe, essentiel à la survie de l'espèce humaine, dont beaucoup ont plus ou moins hérité, est mis à mal dans l'opulence de cette époque. La moindre calorie est facilement stockée[96], et la dépense énergétique réduite, ce qui est favorable au surpoids et à l'obésité.

Pour conclure, l'Homme moderne a besoin de s'alimenter d'une tendance omnivore présente au paléolithique. Une alimentation saine, mais pas moins gourmande, comprend beaucoup de végétaux et des protéines d'origine animale et végétale de qualité. La transition nutritionnelle depuis le paléolithique a été un facteur majeur d'augmentation de l'obésité, des maladies cardiovasculaires, métaboliques (diabète de type 2) ou encore des cancers du fait que « *notre homéostasie métabolique n'est pas adaptée aux environnements énergétiques et nutritionnels contemporains*[9] ». En effet, les aliments transformés et ultra-transformés, tant dans leur qualité que leur quantité, ne conviennent globalement pas à une alimentation saine, même encore aujourd'hui. Le corps humain répond encore aux besoins d'aliments frais, diversifiés et nutritifs, et une alimentation omnivore et vivante, comme cela va être expliqué.

Maintenant que l'histoire alimentaire est plus éclaircie, il est temps de découvrir les secrets d'une alimentation saine et gourmande.

En résumé

SYMPTÔMES	CAUSES
• Fatigue. • Ballonnements et gaz. • Remontées acides.	• Activité digestive importante liée à une mauvaise mastication d'aliments complexes (graisses, protéines et glucides type amidon). • Grosse quantité d'aliments ingérés. • Forte teneur en protéines, FODMAP, lactose ou gluten. • Irritation par une forte sécrétion d'enzymes digestives à la suite d'une teneur importante en protéines et graisses. • Irritation par l'alcool. • Dysfonctionnement du sphincter œsophagien par trop grande quantité d'aliments, stress intense, alcool et/ou position allongée. • Vomissement.
Maux à long terme : obésité, diabète, cancer…	Alimentation déséquilibrée avec excès de gras, sel, sucre et notamment produits industriels.

Améliorer ses « post-gueuletons » et son alimentation

Avant le repas

Astuce 1 : Choisir les bons aliments

Une alimentation variée permet d'avoir tous les nutriments dont l'organisme a besoin pour fonctionner : protéines, lipides, glucides, minéraux, vitamines, et tout autre oligo-élément. Le cerveau et l'intestin analysent le contenu de l'alimentation, et incitent à la satiété dès lors qu'ils captent que c'est suffisant. Des produits qualitatifs et une diversité alimentaire facilitent la satiété et évitent de consommer plus d'énergie que nécessaire.

Le plus important réside dans le choix de ce que l'on met dans la bouche, à la fois pour procurer du plaisir gustatif et alimenter son corps. Les deux sont loin d'être antinomiques. Cette astuce va mettre en lumière les types de matières grasses, de produits sucrés, de végétaux... que nous conseillons pour continuer à se régaler.

« Le gras, c'est la vie » ?

Le gras, c'est bon ! Pas uniquement dans la bouche, il est fondamental pour l'organisme. Les lipides sont les macronutriments les plus énergétiques du corps. Cependant, lorsqu'ils sont en excès dans l'organisme, ils sont stockés dans les cellules adipeuses.

Les lipides permettent au corps de fonctionner : ils en sont son carburant principal avec les glucides. De surcroît, ils participent au bon fonctionnement cellulaire, du système immunitaire ou encore du système hormonal.

Mais ce n'est pas le cas de tous les lipides. Les acides gras saturés, par exemple, sont presque exclusivement utilisés pour leur capacité énergétique. Un sujet plutôt sédentaire n'utilise généralement pas la totalité de cette énergie assimilée.

Il y a ensuite les acides gras insaturés, comme les oméga-3 et les oméga-6, pouvant contribuer comme précurseur à d'autres molécules et intervenir dans bon nombre de réactions nécessaires de l'organisme.

Différence entre oméga-3 et oméga-6 ?

Il n'y a pas de bons et de moins bons. Les deux sont essentiels à l'organisme, mais dans des proportions différentes. L'alimentation occidentale est très riche en oméga-6 et faible en oméga-3, ce qui crée un déséquilibre. Les oméga-6 participent, entre autres, le système inflammatoire (ce qui est une bonne chose). Les oméga-3 sont impliqués, par exemple, dans la régulation de l'inflammation et de l'immunité adaptative. Un déséquilibre amène donc à un excès de réactivité du système inflammatoire, face à une moindre capacité de régulation de celui-ci. Les oméga-6 sont très présents dans la chair animale, notamment bœuf et porc. L'élevage intensif de ces animaux génère des conditions d'hygiène et d'alimentation qui sont source d'inflammation importante pour les bêtes elles-mêmes. Leur organisme est chargé d'oméga-6, que l'être humain consomme ensuite. Pour améliorer le ratio, il serait bon de veiller à consommer beaucoup d'oméga-3, et à consommer de manière plus modérée des oméga-6. On trouve des oméga-3 en quantité dans le colza, le lin, le chia pour le végétal. On en trouve dans les poissons gras, notamment les petits comme la sardine, le maquereau, le hareng ou encore les crustacés.

Sachez aussi que l'excès de graisse que de nombreuses personnes cherchent à éliminer n'est pas uniquement dû au gras. Les glucides en excès sont transformés en triglycérides par le foie puis stockés dans les cellules adipeuses sous forme de graisse. Il ne sert alors à rien, si on veut perdre du ventre, de fuir le gras pour se réfugier dans le sucre.

Les produits d'origine animale

Le poisson

Le constat est clair : les océans sont pollués et contaminés en métaux lourds, comme le mercure ou le plomb, et en microplastiques. De ce fait, 97 à 100 % de la population française sont exposés à tous les métaux lourds, essentiellement par la consommation des produits de la mer[97]. Ce sont des matières très néfastes pour l'organisme, car il n'arrive pas à les évacuer correctement. Elles interfèrent avec diverses fonctions du corps et favorisent le stress oxydatif. Les petits poissons, tels que le maquereau ou la sardine, grandissent plus rapidement et moins que les gros poissons. Contrairement à ces derniers, les petits poissons accumulent donc moins de ces métaux dans leur organisme, du fait de besoins moindres pour croître. Le saumon, grand poisson au même titre que le thon, croît davantage, ce qui lui demande une consommation plus importante et donc « bioaccumule » beaucoup plus de métaux lourds durant sa vie. D'ailleurs, parmi les gros poissons contaminés, le saumon est l'un des plus touchés. Pourquoi ? Car les toxines que son corps n'arrive pas à évacuer se stockent dans ses graisses. Un poisson gras « bioaccumule » donc plus de métaux lourds qu'un poisson maigre. C'est pourquoi l'ANSES[98] déconseille de consommer plus d'une fois par semaine de gros poissons gras et plus de deux fois par mois des poissons d'eau douce. Ces recommandations datent de 2013, ce qui amène à penser que cela ne va pas en s'arrangeant. Qu'il soit d'élevage ou sauvage, l'indication reste la même, car l'un comme l'autre a des inconvénients[99].

La viande

Au même titre que le poisson, consommer une viande de qualité est primordial pour éviter de consommer un gras contaminé par différentes substances toxiques « bioaccumulées » dans un élevage intensif. Leur alimentation, souvent constituée de céréales du type tourteau de soja pleines de pesticides et d'OGM, ne les aide pas à lutter. Ces animaux sont placés sous antibiotiques et anti-inflammatoires pour leur permettre de survivre aux multiples infections et inflammations auxquelles ils font face. De plus, les animaux mangent près de leurs déjections par manque de place, ce qui augmente fortement les infections. La viande ingérée par l'Homme est de moins bonne qualité nutritive.

La viande de qualité, ça coûte cher ? C'est effectivement un produit coûteux, mais il n'est pas nécessaire d'en manger à chaque repas. La chair animale et les produits d'origine animale (œuf, lait...) sont importants, notamment pour un apport en protéine, en fer, mais surtout car c'est le seul moyen d'obtenir la vitamine B12. Heureusement, des protéines et du fer se trouvent dans d'autres aliments, et la vitamine B12 se stocke facilement. L'excès de consommation de viande n'est donc pas sain ni souhaitable (pas uniquement pour son porte-monnaie) : elle pose des problèmes de poids, de santé et d'écologie. Enfin, le type de viande est important. À titre d'exemple, la viande de bœuf est la plus grasse et la plus inflammatoire[100].

Lait, œuf ?

L'œuf est le produit animal le plus intéressant sur le plan nutritif. Il est riche en protéines, en nutriments, en vitamines et en oméga-3. La cuisine française sait le sublimer de 1 000 façons ! Au-delà des idées reçues, il est possible de consommer 3 ou 4 œufs par jour sans risque d'impact négatif sur la santé[26]. Cependant, la qualité est encore de mise. Autant que possible, il est intéressant de privilégier des œufs de poules élevées en plein air, voire nourries aux graines de lin afin que leur teneur en oméga-3 soit encore plus importante.

La santé osseuse est souvent au cœur des publicités pour les laitages. Les produits laitiers apportent-ils réellement assez de calcium pour éviter d'être en carence ?

ÉQUILIBRE ACIDO-BASIQUE

Le pH mesure l'acidité d'un milieu, sur une échelle de 0 (acide) à 14 (basique), 7 étant neutre. Plus un environnement contient d'ions H^+, plus il est acide. Ces ions, produits notamment par les mitochondries ou la détoxification (alcool, toxines...), agissent comme des radicaux libres, pouvant endommager les cellules.

Le corps maintient un pH sanguin légèrement basique (≈7,3) pour limiter ces dégâts. Il utilise des minéraux basiques stockés dans les os ou les dents comme le calcium, le potassium ou le magnésium pour neutraliser l'excès d'H^+. Lorsque l'alimentation manque de ressources minérales, le corps doit aller chercher dans ses stocks pour compenser un excès d'acidité. L'ostéoporose vient en grande partie d'une alimentation peu ressourcée en calcium, magnésium ou potassium, et un mode de vie favorable au stress oxydatif.

Pour garantir un équilibre acido-basique au service notamment de la santé osseuse ou dentaire :

- éviter tant que possible l'excès de stress oxydatif (anxiété, alimentation inflammatoire, alcool, cigarette, drogues...) ;
- assurer des ressources suffisantes en minéraux alcalins pour contrebalancer l'alimentation occidentale acidifiante : prioriser les fruits et légumes, les oléagineux (comme les noix, les noisettes, et les amandes) et les légumineuses (comme les lentilles, les pois chiches...)[94] ;
- veiller à un sommeil de qualité, temps naturel important de désacidification[42] ;
- réduire son anxiété qui surconsomme des catalyseurs et des minéraux impliqués dans le métabolisme de neutralisation des acides[42].

ÉQUILIBRE ACIDO-BASIQUE

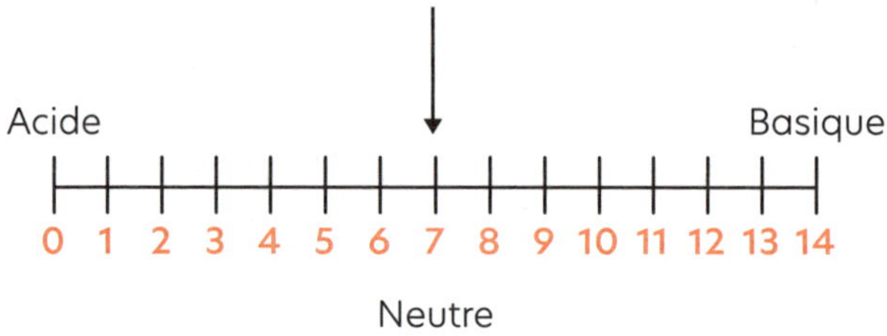

Peut-être êtes-vous étonné de ne pas voir figurer le lait pour l'apport de calcium? Il est vrai que le lait en est une source importante. En revanche, pour 3 recharges de calcium apportées par un verre de lait, il faut en dépenser 4 pour neutraliser son pH quelque peu acide. Donc in fine, on perd une recharge de calcium[101]. Parmi tous les produits laitiers, c'est surtout le lait de vache élevée en milieu intensif qui est ciblé. Privilégier alors les yaourts nature ou les fromages au lait cru peut permettre de limiter l'inflammation. La fermentation permet de modifier une partie du lactose et de réduire le risque inflammatoire associé à sa consommation. De surcroît, la fermentation favorise une activité probiotique.

Si vous pensez que l'ostéoporose ou l'ostéomalacie ne sont qu'une affaire de calcium, gardez à l'esprit que les symptômes sont avant tout dus à un manque d'activité physique et à une carence en vitamine D.

LES PROTÉINES

Ce sont des molécules structurelles du corps. Grâce à tous les acides aminés qu'elles contiennent, l'organisme peut se recycler, se développer et assurer ses fonctionnalités : structurelles, hormonales, nerveuses… Il est important de consommer suffisamment de protéines pour permettre à l'organisme de fonctionner, de se réparer et de se développer.

Les protéines se trouvent facilement dans les produits animaux, mais aussi dans les produits végétaux, notamment les légumineuses, les oléagineux ou encore les céréales. On entend dire que les protéines végétales ne sont pas «complètes» contrairement à celles animales. Toutefois, cela devient préoccupant seulement si l'on mange une seule variété. Dès lors que l'on consomme des aliments végétaux variés, les acides aminés se complètent et permettent d'avoir les protéines nécessaires. Nous sommes omnivores, honorons cela en mangeant varié.

Enfin, les protéines facilitent la sensation de satiété. C'est le macronutriment le plus rassasiant en raison de notre incapacité à le stocker[9].

Du végétal dans l'assiette !

Pour compléter le sujet précédent, il est déterminant d'alimenter son stock de minéraux pour garder le plaisir de mâcher avec toutes ses dents. D'ailleurs, l'intérêt des végétaux a déjà été prouvé pour réduire les effets de la « gueule de bois ». Ils remplissent encore un rôle majeur dans ce chapitre « Gueuleton ». Ils sont très bons, s'ils sont cuisinés selon différentes techniques permettant de faire ressortir les saveurs. Oléagineux, légumes, fruits et légumineuses devraient constituer 80 % de l'alimentation :

- Les oléagineux (amandes, noix, noisettes…) : à consommer dès l'apéritif, de préférence non grillés (et aussi non salés) pour éviter de perdre la qualité nutritive de ces produits. En effet, ils sont très riches en protéines, en « bons gras », en minéraux.
- Les légumes : idéalement, ils devraient constituer une part importante et journalière de l'alimentation humaine. Ils sont riches en minéraux, en vitamines et aussi en polyphénols ! Les polyphénols

sont en priorité dans la peau et les pépins. Donc s'ils sont bio et bien lavés, il est possible de ne pas les éplucher.

- Les légumineuses : entité très nutritive. On en retire beaucoup de protéines et de minéraux. Cela permet d'avoir une alimentation complète et suffisante en protéines, permettant ainsi de réduire sa consommation de viande. Il est préconisé de faire tremper plusieurs heures les légumineuses pour réduire les composants anti-nutritifs et pouvoir profiter pleinement des bienfaits (sauf s'ils sont déjà précuits en conserve).

Le sucre et les glucides

Le sucre, un autre sujet bien controversé…

Les glucides sont une famille de source d'énergie, dont le « sucre » fait partie. Le « sucre » (ou saccharose), celui qu'on utilise traditionnellement dans les crêpes ou fromages blancs, est un glucide simple que l'organisme assimile rapidement. D'autres glucides plus complexes comme l'amidon ou les fibres alimentaires jouent également d'autres rôles. Par exemple, les fibres alimentaires agissent bénéfiquement avec le microbiote intestinal.

L'organisme transforme les glucides en glucose, principal carburant des cellules. Le glucose non utilisé est stocké dans le foie sous forme de glycogène, puis converti en graisses si les réserves sont pleines. Le cerveau, très gourmand en énergie, consomme une grande partie de ce glucose. Le sang en contient en permanence environ 5 g : c'est la glycémie, maintenue par l'alimentation (céréales, tubercules, fruits, légumineuses, miel…) et régulée par le foie.

Mais un excès de sucre crée un stress oxydatif et favorise des troubles hépatiques, cardiovasculaires, nerveux et pancréatiques. La surproduction d'insuline peut mener à une insulino-résistance, ouvrant la voie au diabète de type 2 et à l'obésité (*via* la transformation du glucose en triglycérides).

L'index glycémique (IG) d'un aliment mesure la vitesse d'entrée du sucre dans le sang. Plus il est élevé, plus la glycémie grimpe vite, forçant le pancréas à sécréter de l'insuline. Pour une énergie durable et préserver le pancréas, il vaut mieux consommer des aliments à IG bas :

- fruits entiers : riches en fibres et polyphénols, ils ralentissent l'absorption du fructose ;
- céréales complètes : digestion plus lente, meilleure régulation de la glycémie ;
- à éviter : sucres raffinés et céréales blanches : pauvres en nutriments, sont rapidement absorbés, provoquant des pics glycémiques suivis de coups de fatigue ;
- à éviter : édulcorants : ils trompent le pancréas, qui libère inutilement de l'insuline. À terme, cela dérègle la réponse glycémique et augmente le risque de diabète.

Le sel

Le sel, ou plutôt le chlorure de sodium, est un minéral indispensable à l'organisme. Une alimentation omnivore (c'est-à-dire variée) suffit nettement pour répondre aux besoins journaliers. L'excès de sel peut créer des problèmes en augmentant :

- la fuite de calcium des os (et donc impacter l'équilibre acido-basique et augmenter les risques d'ostéoporose)[102] ;
- l'hypertension[9] ;
- la perméabilité intestinale, l'altération du microbiote et ainsi les risques d'inflammation[103].

Puisque le sel n'est qu'un exhausteur de goût, il est possible d'ajouter de la saveur en utilisant d'autres produits.

Les plats peuvent être relevés avec des aromates et des épices : le romarin, le curcuma, le cumin, la cannelle... Ils détiennent presque tous des bénéfices pour la santé, donc n'ayons pas peur d'avoir la main lourde. Les composants aromatiques des épices et aromates sont les tannins. Ils sont liposolubles, c'est-à-dire qu'ils délivrent leurs saveurs au contact des matières grasses. Faire revenir les aliments avec épices et matières grasses, tant qu'elles restent non saturées, est donc une bonne astuce.

Les aliments nutritifs et inoffensifs

Il est vrai que la tentation de plats préparés, produits transformés ou aliments déjà précuits est bien grande. En effet, de nombreuses raisons ne laissent que peu de temps et d'énergie pour cuisiner : la course contre la montre incitée par le mode de vie occidental, le manque d'équipement ou de place, ou tout simplement le fait de ne pas aimer ça. Pourtant, il n'y a rien de mieux que des plats cuisinés soi-même pour savoir ce qu'il y a dedans, pour qu'ils conviennent au plaisir des papilles et pour s'assurer de la qualité des produits, car cuisiner un aliment impacte forcément sa qualité nutritive : pour un même aliment, le mode de préparation peut modifier sa propre composition (voir Astuce 2) :

- la qualité nutritive d'une compote de pomme n'équivaut pas à celle d'une pomme ;
- une compote de pomme industrielle n'a pas la même qualité qu'une compote de pomme réalisée soi-même ;
- une compote de pomme industrielle à petit prix n'a pas la même qualité nutritionnelle qu'une compote de pomme industrielle d'un fabricant raisonnable et respectueux.

Voici l'ordre de préférence. Nous vous conseillons de privilégier les aliments bruts. Les recommandations gouvernementales du « manger cinq fruits et légumes par jour » ne concernent pas le chausson aux pommes ou la compote à boire. Rien de mieux que de revenir des courses avec un panier rempli de légumes de couleurs et de formes différentes. Voici les différentes raisons :

Premièrement, un aliment brut peut être cuisiné brut. En effet, un aliment mérite d'être le plus complet possible pour conserver sa matrice alimentaire. Une pomme est remplie de fructose, de fibres et de polyphénols dans sa peau… En croquant dedans, c'est un ensemble complexe de molécules qui est idéalement consommable pour la digestion. Un jus de pomme ne fait pas le même effet sur l'organisme. Prenons l'exemple des oranges. Combien faut-il d'oranges pour faire un verre de jus d'orange ? Environ 3 ou 4. Combien de verres de jus d'orange pourriez-vous boire à la suite ? Entre 3 et 5 en moyenne, voire plus, n'est-ce pas ? Arriverez-vous à manger entre 9 et 15 oranges d'affilée ? Rien de moins sûr. Car en consommant l'orange, il y a aussi une consistance à mâcher et sa composition est riche, contrairement au jus où une grosse partie est filtrée, restée dans le pressoir.

Deuxièmement, les produits bruts sont pleins de nutriments, contrairement aux produits transformés qui peuvent en perdre une partie durant leur préparation. Compter les calories n'est pas suffisant pour prendre soin de soi, il faut également s'intéresser aux nutriments que nous apporte le plat ou l'aliment. Lorsque l'on digère un aliment, on le réduit en de nombreux petits « Lego ». Une fois isolées, ces petites pièces sont réutilisées pour créer de nouvelles figures et faire fonctionner l'organisme. Chaque aliment ne procure pas les mêmes pièces du jeu, malgré peut-être le même nombre de calories.

Troisièmement, les produits tout préparés sont moins sains et qualitatifs, d'autant qu'ils sont souvent ultra-transformés. Ce sont des produits entièrement cuits et assemblés en usine. Ils ne contiennent plus rien de vivant. Le problème, c'est que la consistance et le surplus de sucres, gras et sels ajoutés incitent à en manger davantage. Il est prouvé aujourd'hui que l'excès calorique et la qualité des ingrédients des produits ultra-transformés sont un grand danger pour les cellules, engendrant un terrain inflammatoire et oxydatif important. La cuisson à haute température ou les procédés chimiques utilisés détruisent les nutriments essentiels des aliments initiaux. Par exemple, les industriels ajoutent des vitamines ou autres composants perdus durant la fabrication, mais ce sont des versions synthétiques[104]. En 2018, Fardet [105] a montré que plus le degré de transformation des aliments est élevé, plus les risques sur la santé sont majorés. D'autant que les produits industriels augmentent la quantité ingérée et la vitesse d'assimilation, ce qui peut augmenter les fatigues, les nausées, et la sensation de ballonnement post-repas. C'est pour cela qu'une envie de yaourt aux fruits sera toujours meilleure en goût et en qualité nutritive en prenant un yaourt nature et en y mélangeant des fruits, plutôt qu'un yaourt aux fruits industriel. Les ingrédients utilisés seront de meilleure qualité, il n'y aura aucun produit de synthèse pour stabiliser le goût, rehausser les saveurs, corriger l'acidité, conserver la texture : tout ce qui s'appelle « additif ». Plus le temps avance, plus les recherches révèlent les risques que ces produits génèrent sur l'organisme. Retournez le produit, regardez l'étiquette et privilégiez les aliments ayant le moins de « E » avec un nombre derrière (ce sont les additifs), ou le moins de noms qui vous paraissent inconnus. L'avantage d'un produit brut, c'est-à-dire une carotte en vrac, un steak haché chez le boucher ou un maquereau en boîte nature, est de réduire la quantité de molécules chimiques néfastes.

Il faut toutefois rappeler que l'agriculture conventionnelle utilise aujourd'hui encore beaucoup de pesticides, même si des mesures sont prises pour tenter de les limiter. Au regard de la quantité importante que doivent prendre les aliments végétaux (dont les céréales et légumineuses) dans une assiette équilibrée, il est dommage d'ingérer une telle quantité de produits phytosanitaires aux effets dangereux sur la santé. En privilégiant des produits de saison, on s'assure que l'aliment a nécessité moins d'aide pour pousser. Cela garantit une agriculture avec une température, un ensoleillement et un cycle terrestre favorable à la croissance des aliments. Manger des légumes et fruits de saison est d'autant plus intéressant que logique. Ce n'est pas un hasard si les végétaux estivaux sont riches en eau, et ceux hivernaux riches en énergie. Pour savoir si c'est la bonne saison pour consommer un aliment, le fait qu'il vienne de France est en général une bonne première piste.

Le bio

Cette agriculture permet de drastiquement diminuer les différents contaminants (sans forcément les supprimer totalement). Les aliments ont un meilleur profil nutritionnel, car ils doivent davantage se protéger eux-mêmes du climat et des insectes. Cela génère ainsi plus de polyphénols. Le simple fait de réduire les contaminations comme les pesticides réduit la quantité de perturbateurs endocriniens. Manger bio réduirait le risque d'obésité de moitié[106] ! Cependant, il ne fait pas l'unanimité chez les consommateurs en raison de son prix. En effet, le bio coûte un peu plus cher, mais en consommant local et de saison, le prix se rapproche des végétaux issus de l'agriculture conventionnelle. Un produit biologique aura en plus l'avantage d'être plus intéressant sur le plan nutritif, plus rassasiant et engendrera moins de troubles alimentaires[35].

Enfin, la contamination des ingrédients avec des substances de type pesticides inciterait le corps à stocker ces xénobiotiques dans les cellules graisseuses (comme on en a déjà parlé pour les poissons gras). Vu la masse de ces molécules difficiles à éliminer, le corps créerait des cellules adipeuses supplémentaires pour les stocker[79]. Par ailleurs, il semblerait que rincer à l'eau ne retire quasiment pas ces substances aspergées, car sinon les agriculteurs devraient remettre des pesticides après chaque pluie. En revanche, brosser l'aliment et/ou le laisser tremper 10 minutes dans de l'eau avec 1 cuillère de bicarbonate semble retirer jusqu'à 70 %[104] des pesticides de surface.

À vous de jouer

Privilégier des produits bruts et des aliments de qualité, c'est aussi les cuisiner ! Voici quelques astuces pour augmenter les chances de manger des plats délicieux avec de bons produits !

L'idée du batch cooking est ingénieuse. Il s'agit de préparer tous ses plats en avance en une ou deux heures. Cela permet aussi de mutualiser les ingrédients et les cuissons pour optimiser et diversifier. Mettre au frais dans des contenants hermétiques pour les prochains jours et congeler pour les jours suivants. Par exemple : je cuis une bonne quantité de pois chiches. Pendant ce temps, je découpe des oignons et des tomates. Avec ces ingrédients, je vais réaliser une salade de pois chiches-tomates-oignons avec de l'huile d'olive et des noisettes. Je vais aussi mixer les pois chiches et les oignons avec du cumin et en faire des boules à cuire dans une poêle avec de l'huile d'olive pour faire des falafels. Ensuite, je fais cuire de la semoule et je fais revenir lentement oignons, tomates, cuisse de poulet, pour faire un ensemble de semoule et sauce tomate maison avec du pois chiche. Ce n'est qu'un exemple, mais il montre que l'on peut réaliser rapidement des plats très goûteux, économiques et avec peu d'ingrédients.

Sans aller aussi loin, le simple fait de préparer un gros plat d'un coup pour avoir des restes à consommer les jours suivants est déjà une excellente manière de faire. Il y a encore d'autres astuces, comme couper tous ses légumes, les nettoyer et en placer une partie au frais, et une autre au congélateur. Cela permet de gagner un temps considérable sur les recettes ! Généralement, ce qui prend du temps, c'est le processus. Une fois celui-ci lancé, la quantité ne modifie pas beaucoup le temps (installation, nettoyage, découpe, rangement). Donc autant faire plus et conserver au frais ou au congélateur. Enfin, si l'envie de cuisiner ne se présente pas, les produits lacto-fermentés ou les légumes en saumure avec du vinaigre, aussi appelés pickles, sont prêts à l'emploi, délicieux et extrêmement nutritifs. Pour les faire soi-même, des recettes faciles sont proposées dans les pages recettes à la fin du chapitre.

Les produits à réduire

Nous vous conseillons de limiter au maximum la consommation d'aliments ultra-transformés (AUT), car les procédés de conception altèrent les aliments bruts, et les produits ajoutés pour leur conservation, leur texture, leur goût… sont souvent néfastes. Parmi ces aliments, vous trouverez notamment :

- la charcuterie industrielle ;
- les céréales du petit-déjeuner, y compris les mueslis ;
- les chips et gâteaux apéritifs ;
- les bonbons, gâteaux, viennoiseries ;
- les plats déjà préparés…

Pour terminer, une étude datant de 2020[107] a mis en évidence qu'une alimentation à base de légumes, fruits, légumineuses, oléagineux, céréales complètes, huiles végétales insaturées, poisson, viande maigre ou volaille est solidement associée à une diminution du risque de mortalité, toutes causes confondues. De surcroît, diminuer les produits laitiers riches en matières grasses, la viande rouge et transformée, les glucides raffinés, permet de réduire également ce risque.

C'est ici que réside l'équilibre du dilemme alimentaire du sapiens moderne : en sachant tout cela, vous prendrez plus de plaisir à consommer et à préparer des recettes saines et gourmandes. De l'autre côté, vous profiterez à 100 % de ce hamburger et/ou de ce soda, car vous n'ignorez plus ses méfaits. Si vous décidez de le manger ou de le boire, vous le faites pour le plaisir, consciemment, en veillant à ce que cela ne soit pas une habitude alimentaire.

Pour résumer cette astuce

Pyramide alimentaire

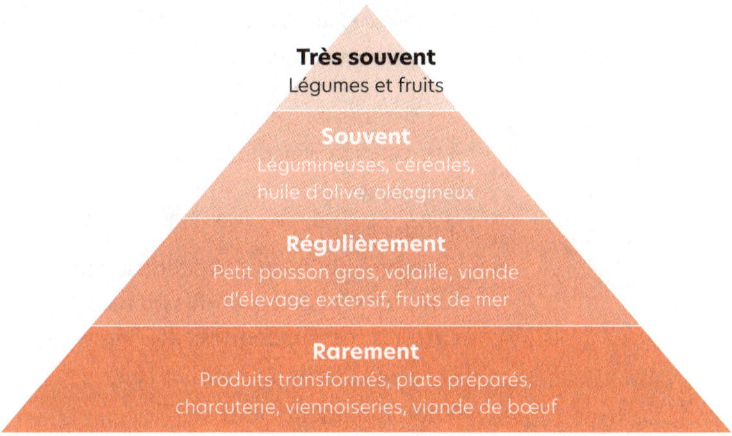

Indispensables d'une cuisine saine et gourmande

ZONE	ALIMENTS
Placard à condiments.	• Ail, oignons et/ou échalotes. • Huile d'olive et de colza. • Vinaigre de cidre. • Aromates et épices (curcuma, clous de girofle, cannelle, origan, cumin, paprika, romarin, thym, aneth…).

ZONE	ALIMENTS
Garde-manger.	• Fruits de saison. • Céréales (complètes de préférence) type pâtes, riz, boulgour, semoule… • Légumineuses : lentilles, pois chiches, haricots rouges… • Oléagineux : noisettes, amandes, noix, chia, sésame, lin… • Miel cru (non pasteurisé). • Farine (complète de préférence). • Boîte d'œufs de poules élevées en plein air et nourries au lin de préférence. • Maquereaux, sardines et anchois. • Pommes de terre.
Réfrigérateur.	• Légumes de saison. • Moutarde. • Yaourt nature. • Condiments type cornichons, câpres, tomates séchées… et des pickles de carottes, de concombre… • Un peu de fromage au lait cru. • Viande blanche ou rose.

Astuce 2 : La bonne recette

Un plat gourmand, mais pas méchant !

La qualité et la variété des aliments que vous cuisinez permettent de « *manger mieux, pas moins*[108] ».

Les bases d'un plat sont donc, de préférence, les légumes, les céréales ou légumineuses associées, dans la forme souhaitée (en sauce, en purée…). La garantie d'un plat délicieux est avant tout issue du travail des aliments.

Cet ouvrage n'est pas un livre de cuisine, mais notre défi est de vous permettre de continuer de vous faire plaisir à table en préservant votre santé (voire en l'améliorant).

Dans l'assiette, il faut trouver :

- céréales ou légumineuses en support ;
- légumes ;
- produit animal (si vous le souhaitez) ;
- condiments pour sublimer (oignon, ail, câpre...) ;
- matière grasse (huile d'olive, crème, huile de colza, beurre...) ;
- épices et aromates pour relever ;
- les masters pour le petit plus : citron, croûtons de pain, noisettes torréfiées, raisins secs... pour donner du croquant, de l'acidité ou du sucré.

Pour qu'un plat soit agréable et équilibré en bouche, il existe cinq leviers à activer :

- gras ;
- sucre ;
- sel-aromates-épices ;
- acidité ;
- croquant.

Équilibrer ces paramètres rend le plat savoureux. Par exemple, il est possible de déglacer un plat avec du citron pour apporter de l'acidité, rajouter du pain grillé émietté, des cubes de cornichons, ou des amandes pour plus de croquant, puis ajouter des raisins secs réhydratés à l'huile d'olive pour ramener du sucré...

Pour concocter des plats, n'hésitez pas à vous replonger dans la cuisine de votre enfance. Rappelez-vous des bons plats de vos grands-parents et replongez dans vos souvenirs pour trouver de bonnes idées, car le souvenir est directement lié au plaisir.

Une fois que le choix des aliments est fait, il s'agit de savoir pour quelle cuisson opter. Une cuisson qui préserve la qualité des aliments est fondamentale pour allier plaisir et santé.

LA CUISSON DES ALIMENTS : UN TREMPLIN DANS L'ÉVOLUTION HUMAINE

La cuisson est une forme de prédigestion d'un aliment, car elle permet de diminuer l'activité de certains anti-nutriments et de rendre plus accessibles des nutriments difficiles à digérer. Cela permet donc d'accéder à davantage d'énergie métabolique, participant en partie à l'évolution cérébrale[109]. Le collagène ou la kératine des protéines animales ne peuvent pas être digérés par les enzymes digestives, tout comme certaines légumineuses et tubercules sont difficiles à digérer crues[110]. Par ailleurs, toute population humaine récente semble avoir eu besoin de la cuisine pour survivre, faisant de la cuisson un élément majeur du développement de sapiens[111]. Elle est adoptée comme une technique de transformation rendant accessibles plus d'aliments, au même titre que la fermentation ou le trempage.

La modification chimique (par la cuisson) de l'aliment a des bienfaits, mais aussi des méfaits. La cuisson déstructure la composition d'un aliment[112]. De ce fait, elle facilite son assimilation, car elle détruit une partie de ses composants, faisant aussi perdre sa qualité nutritive. Par exemple, l'ail ou le brocoli, aliments concentrés en bienfaits, ne résistent pas bien à la température et perdent, à mesure de la chaleur et du temps, leurs composants intéressants pour la santé.

Ainsi, plus vous cuisez un aliment, plus il perd ses vitamines thermosensibles, plus son index glycémique augmente, plus ses tannins (polyphénols) s'oxydent. La matrice alimentaire protège les aliments, mais à forte cuisson, elle est détériorée. C'est pourquoi il est très intéressant de privilégier les cuissons douces ou les marinades avec des aromates comme le romarin, qui sont antioxydants (aidant à protéger l'aliment de l'oxydation).

La cuisson d'un aliment va non seulement transformer ses composants, mais également en générer d'autres, comme des composés indigestes et nocifs[113] : les corps de Maillard. À la cuisson poêle ou au barbecue notamment, un brunissement commence à apparaître à partir d'une certaine température. Cette couleur est couplée à une odeur très agréable, celle de la viande grillée, de la croûte de pain… Couleur et odeur sont dues à cette molécule, source importante de stress oxydatif. Cela la rend cancérigène, car elle attaque l'ADN et réduit les capacités de réparation du corps. Si la chaleur continue d'augmenter, comme c'est le cas de la friture ou de beaucoup de procédés industriels, cela finit par développer des acrylamides (molécules neurotoxiques cancérigènes). Les chips, le café, le pain croustillant, les biscuits apéritifs, les frites… en contiennent beaucoup. Manger des frites encore blondes réduit la teneur en acrylamides de 80 %. Il est préférable de ne pas cuire à l'excès les aliments et de limiter l'usage de la friture (sans jamais dépasser les 180 °C). Il est possible de précuire les pommes de terre avant de faire cuire les frites pour réduire le temps d'immersion dans l'huile bouillante par exemple. Enfin, lors d'une cuisson au barbecue, le charbon de bois dégage du benzopyrène, un composant cancérigène, neurotoxique et mutagène d'autant plus important couplé avec de la graisse brûlée (due aux merguez, cuisses de poulet…). D'autres molécules continuent d'être mises en avant par la science dans la production accrue de radicaux libres. Utiliser une marinade riche en épices et aromates tanniques ou encore acides (citron) par exemple permet de réduire la concentration de ces composants dans les aliments grillés. Privilégier la plancha permet de mieux gérer la cuisson et d'éviter la fumée de graisse brûlée qui remonte sur la viande.

Sans les diaboliser, la friture et le barbecue sont les deux modes de cuisson qu'il vaut mieux réserver aux événements exceptionnels. Avec le cru, la vapeur, le bouillon à feu doux dans une casserole, le blanchiment à l'anglaise, la cuisson à la sauteuse, à l'étouffée au four ou encore la méthode type Wok sont les meilleurs types de cuisson.

Nos cuissons coups de cœur pour lier goût, simplicité et santé

Cuisson type « Wok »	Faire revenir activement l'aliment sur feu très fort pour le faire légèrement griller à l'extérieur, puis réserver l'aliment dans un récipient avec un couvercle pour laisser reposer et continuer de faire cuire l'intérieur tranquillement. Cela permet d'avoir tout de même du croquant et du cuit à l'extérieur, tout en ayant tout l'intérieur du produit préservé et cuit à cœur.
Cuisson au four	Four à 180° (ou moins) puis enfourner dans un plat adapté, des légumes enrobés d'huile d'olive, d'aromates et d'épices (paprika, herbes de Provence…) pendant 20 à 40 minutes. Délicieux et simple, car pendant ce temps vous pouvez faire autre chose. Si vous avez pris des végétaux bio, vous pouvez laisser la peau, ce qui augmente les intérêts nutritifs et gustatifs, et fait gagner un temps considérable de préparation.
Cuisson à la sauteuse	Dans la même idée, il suffit de faire revenir les ingrédients à feu vif quelques instants, jusqu'à dorer quelque peu l'aliment, puis baisser le feu, couvrir et laisser cuire à feu doux 15-20 minutes. Pratique et idéale pour donner du goût sans brûler l'aliment ou le surchauffer trop longtemps.

Astuce 3 : Le plaisir de cuisiner

Where is Brian?
BRIAN IS IN THE KITCHEN!

**SPEAK ENGLISH,
CLASSE DE 6E ANNÉES 70-80**

La cuisine, l'un des lieux emblématiques d'une maison, devrait être équipée d'outils de cuisine fonctionnels, qui ne prendront que très peu de place. Pour se mettre aux fourneaux un jeudi soir à 20 h après une journée intense, cela nécessite souvent de la motivation. Et l'envie, ça se crée. Si on ne trouve pas dans la cuisine un couteau bien aiguisé et une planche à découper… le peu de motivation peut s'évaporer rapidement. Comme l'explique Deram[114], chercheuse en neurosciences du comportement alimentaire, il est primordial d'aménager une cuisine agréable. Elle invite même toute la famille à venir en cuisine pour que cette « tâche quotidienne » puisse devenir une activité conviviale. En mettant un peu de musique et en racontant chacun sa journée, tout en ayant plus de mains, l'atelier épluchage de légumes passe nettement plus vite !

LES ENFANTS COMME SERVITEURS INSATIABLES

Doucleff, dans son best-seller *Chasseur, cueilleur, parent*[20], révèle, à travers les études scientifiques et ses nombreuses investigations, comment l'être humain est génétiquement programmé pour aider. Homo sapiens est une espèce grégaire et la sélection naturelle a favorisé ceux qui avaient une appétence naturelle à l'entraide pour garantir la force du groupe. Cela s'est inscrit dans nos gènes. Dans toutes les populations actuelles dites

« chasseurs-cueilleurs », c'est-à-dire des communautés ayant conservé un mode de vie plus « ancestral », les enfants participent très activement à la vie de la communauté, sans en être contraints. Habitués depuis bébé à se rendre utile (même juste remplir une casserole d'eau ou ramener un ustensile), ils ont une partie cérébrale de l'empathie bien développée et une attitude spontanée prompte à l'aide aux tâches du quotidien. L'auteure encourage les parents à inviter (sans contrainte ni insistance) à participer en permanence aux tâches quotidiennes, à travers des missions adaptées à la capacité de l'enfant et rendues ludiques. Ce livre est un guide très pratique pour réussir à intégrer autrui, notamment les enfants, dans le fonctionnement du quotidien.
Une initiative bénéfique pour tous, car la « contrainte » d'une tâche ménagère est subjective, elle peut être perçue comme une activité agréable, reposante, partagée...

Voici les indispensables pour prendre du plaisir à cuisiner :

- Les couteaux : il ne faut pas lésiner sur deux bons couteaux de cuisine bien tranchants. Il y a le couteau « d'office » et le couteau « de chef ». L'un est petit et droit, ce qui lui permet d'être très polyvalent, d'éplucher et de couper avec précision. Le couteau de chef est plus grand et équilibré, idéal pour découper et trancher n'importe quoi. C'est LE couteau à tout faire.

LA TECHNIQUE DE DÉCOUPE DU CHEF

Que ce soit la découpe en balancier ou le hachage, ce sont des techniques qui permettent de couper très rapidement sans se blesser. On peut avoir l'image des émissions

de cuisine où le chef découpe finement un poireau à une vitesse ahurissante tout en discutant avec la caméra.
Des images valent mieux que mille mots, et sur Internet vous trouverez des tutoriels pour révéler la technique qui s'apprend rapidement. À partir du moment où l'on sait comment tenir le couteau et comment placer sa deuxième main en guide, on peut commencer rapidement à se sentir « chef cuisto » ! Si l'on est droitier, la main gauche guide le couteau. Le couteau doit rester collé à la deuxième phalange de l'index. Le bout des doigts est replié comme si on sortait les griffes. Dès lors, le doigt ne peut plus être tranché car la lame reste bloquée contre la phalange.
Ce qu'il faut retenir, c'est qu'il n'est pas compliqué de rapidement maîtriser les bases de techniques de découpe qui optimisent le temps de préparation et qui apportent beaucoup de satisfaction à la mise en œuvre.

- La planche à découper : élément essentiel de l'apprenti cuisinier. Nous vous conseillons une planche en bois et la plus grande possible pour laisser un espace de mouvement agréable.
- Des ustensiles fonctionnels : couverts pour mélanger ou goûter facilement, louche pour servir ou encore économe pour éplucher.
- Des ustensiles de cuisson fonctionnels : pour ne pas se sentir limité, il est intéressant d'avoir un grand fait-tout (ou casserole) et un plus petit. Il est aussi possible d'avoir une sauteuse ou un wok pour faire cuire les aliments comme une poêle. Enfin, lorsqu'on a un four, il serait bien d'avoir quelques plats en pyrex.

Enfin, les ustensiles de cuisine ont aussi leur importance. Loin de nous l'idée d'apeurer, il s'agit plutôt d'écarter des sources de contamination évitables et qui n'ont aucun rapport avec le plaisir de manger. En présence de gras, d'acidité ou de chaleur, les particules plastiques migrent sur les matières environnantes[104]. En moyenne, un Occidental consomme 5 grammes de microplastique par semaine.

Ces sources d'ingestion viennent notamment des emballages alimentaires et de l'utilisation de matériaux en plastique durant la cuisson. Il est conseillé d'opter pour du bois pour les ustensiles, du verre pour les plats et récipients et de l'inox pour ceux de cuisson (fait-tout, poêle…). La couche d'acier ne pose pas de problème, contrairement aux revêtements antiadhésifs dont la moindre petite rayure laisse migrer les composants de colle dans les aliments[104]. Les PFOA (acide perfluorooctanoïque) qui composent ce revêtement sont une source quotidienne de contamination, au même titre que chauffer ses plats dans des récipients en plastique ou en carton (qui portent tous un microfilm plastique). Mais l'inox… « ça accroche ». La technique est de chauffer la poêle à feu très vif. Lorsqu'elle est chaude, on y envoie quelques gouttes d'eau. Si elles perlent et rebondissent, on peut baisser le feu sur « moyen », huiler quelque peu (notamment en huile d'olive, celle qui semble résister le mieux aux hautes températures) et c'est parti. Cela peut accrocher un peu au début, mais ensuite la cuisson se déroule bien.

La cuisine peut être l'endroit où toute la pression du travail se relâche, où on apprécie déjà le plat que l'on va manger à travers les odeurs et les couleurs qui se répartissent sur le plan de travail. La cuisine est inspirante, et on y prend vite goût. Au service du plaisir, de l'épicurien et de la santé !

> Ne plus cuisiner est l'un des signes d'appauvrissement d'une civilisation
>
> **D. LOREAU**[21]

Astuce 4 : Préparer son corps pour un repas copieux

Au même titre que pour l'alcool, le foie est l'un des organes les plus sollicités durant un repas copieux et gourmand. Un foie opérationnel favorise une détoxication optimale de l'organisme. Vous pouvez vous reporter au premier chapitre sur ce sujet. Cependant, préserver le foie et le système digestif n'est pas nécessairement synonyme de jeûne.

Jeûner pour « faire de la place » avant un repas copieux est contre-productif. Privé d'énergie, l'organisme passe en mode famine : le métabolisme ralentit, la faim augmente, et chaque calorie sera mieux absorbée et stockée. Résultat : une envie décuplée de manger… et un corps prêt à tout garder.

À l'inverse, une alimentation équilibrée et modérée en amont prépare le système digestif à mieux gérer l'excès sans surcharger l'organisme.

Le sommeil, lui aussi, joue un rôle clé : la fatigue perturbe les signaux de faim/satiété, favorise les troubles digestifs (reflux, inflammation intestinale…) et augmente les risques de dérèglement hormonal[115].

Avant un repas copieux, mieux vaut donc :

- dormir suffisamment ;
- manger équilibré et diversifié aux repas précédents ;
- éviter les privations excessives.

Le corps digère mieux quand il est reposé, nourri, et en équilibre.

Pendant le repas

Astuce 1 : Manger détendu

> Pour savourer, il faut s'arrêter, pour de vrai.
> Et inviter le corps au festin,
> à la merveille de l'instant présent
>
> **C. ANDRÉ**

Le psychisme est intimement lié au fonctionnement de l'organisme et notamment à la digestion. Cette dernière est activée par le mode

« repos » du corps, car cela demande beaucoup d'énergie. Dès lors que l'organisme est en mode « stress », la digestion est ralentie ou stoppée. Si l'on se fait courser par un ours, la digestion peut bien attendre, car il y a des priorités. Le corps va laisser le sang et l'énergie disponible dans l'immédiat pour le cerveau et les muscles… Sinon il n'y aura plus jamais de digestion. Enfin si, celle de l'ours.

C'est pour cela qu'en période de stress, il peut y avoir des épisodes de diarrhée ou de constipation. La digestion est bâclée ou ralentie par manque de tonus vagal (le nerf qui met en relation le cerveau et le système digestif et qui s'active pour la digestion). Ce nerf coordonne les organes digestifs et le péristaltisme[116]. Un mauvais fonctionnement perturbe la mission de sécrétion et de détoxification du système hépato-biliaire et l'avancée rythmée du bol alimentaire. Une digestion trop rapide ne permet pas d'assimiler les nutriments importants. Une digestion trop lente favorise la prolifération de bactéries toxiques dans le côlon qui tardent à être évacuées, ainsi que la déshydratation des selles, rendant plus difficile leur évacuation. Être anxieux ou hyperactif durant la prise du repas tend à perturber la digestion et à augmenter les symptômes potentiels. Pour preuve, le stress chronique est souvent impliqué dans les maladies du système digestif, comme le syndrome du côlon irritable[117]. Aussi, un excès de stress, et ainsi de sécrétion de cortisol (une des hormones du stress, notamment de l'activation du métabolisme) augmente le niveau d'acidité dans l'estomac et tend à limiter le drainage de cette acidité[42].

Nous vous conseillons donc de réduire les sources d'anxiété ou d'hypervigilance durant le repas dans la mesure du possible[118]. Une musique jazz-funk en fond, des rires, dans un jardin seront sûrement mieux qu'une musique à BPM[119] rapide, des engueulades, avec encore des klaxons en fond.

Autre astuce : prendre le temps de mâcher. Nous l'avons déjà abordé, le fait de mâcher permet au corps d'analyser le contenu pour anticiper les sécrétions et les messages de faim, ainsi que de pré-digérer l'aliment pour faciliter sa dégradation. La vue, l'odorat, puis la mastication permettent facilement au corps de détecter la composition de l'aliment. Cependant, aujourd'hui, nous réalisons des recettes où beaucoup d'aliments sont mélangés. Si, en plus de cette difficulté ajoutée pour l'analyse, on ne mâche pas suffisamment, le système digestif travaille à l'aveugle et sans avoir été prévenu par le cerveau de l'arrivée des aliments, ce qui réduit la capacité digestive et son confort[120]. Prendre le temps de mâcher et de liquéfier chaque bouchée réduit les ballonnements. Homo sapiens a une dentition favorable à une diversité alimentaire avec le pouvoir de mâcher, cisailler[121]... Une nourriture trop molle ou une utilisation trop faible abîme les dents et les capacités musculaires de la mâchoire. Bien mâcher les renforce.

Pour revenir sur la distraction, elle augmente considérablement la quantité de nourriture assimilée. Le fait de discuter avec un proche, de regarder un match ou un film, amène à piocher machinalement dans le paquet de chips sans même s'en rendre compte. Et malheureusement, cela facilite la prise de poids et les ballonnements. Les grands événements, les moments entre amis, les contrats importants, les réunions de famille, se font presque toujours autour d'un repas, qui plus est, composé de plats roboratifs. Lorsque notre attention est portée ailleurs, elle ne l'est plus sur la nourriture avalée. L'organisme est en pilotage automatique, le striatum prend les rênes de notre inconscient et nous incite à manger toujours plus[11]. Le fait de se nourrir sans même en être conscient amène à mâcher moins et plus rapidement, on avale donc rapidement le morceau et mécaniquement on porte la fourchette plus régulièrement à la bouche. Une grande partie des aliments de la restauration rapide ou des apéritifs s'engloutissent facilement et demandent peu de mâche. Pain moelleux, frites bien cuites, steak haché, chips... en un coup de dent et c'est déjà dans l'estomac. La langue n'a pas le temps d'analyser le contenu. Si l'on essaie de manger un hamburger avec un pain de campagne et un steak saignant (pas haché), on peut rapidement se sentir rassasié, ou du moins limité par les crampes de la mâchoire. En effet, jouer sur les textures augmente ou réduit la quantité d'aliments absorbés, sans nécessairement impacter le plaisir et le goût.

Pour résumer, il est préférable de manger détendu, de prendre conscience de ce que l'on met à la bouche, et de savourer chaque bouchée en la mâchant bien.

Astuce 2 : Bien choisir son service

Par service, nous entendons l'utilisation d'assiettes adaptées. Nous vous conseillons de miser sur des assiettes petites ou moyennes. Comme le mécanisme d'expansion-compression du gaz, nous avons tendance à remplir un espace. Machinalement, nous placerons plus de nourriture dans une grande assiette[79].

Par service, on entend également le choix du service sur la table. Il existe quatre types de services :

- un buffet avec différents plats proposés : une quiche, un ragoût de viande ou de poisson et une salade de pâtes sur la table et chacun se sert ;
- un buffet où chacun confectionne son plat. Comme pour une salade composée ou des fajitas, il y a une base avec plusieurs aliments à disposition pour le composer ;
- un plat servi directement dans l'assiette où les aliments sont séparés : une bavette avec une purée et à côté des asperges vertes rôties ;
- un plat servi directement dans l'assiette et tout est déjà mélangé : une paella, une galette de sarrasin…

La façon dont le plat est servi impacte la manière dont on agit. Cependant, peu importe le choix, chaque individu semble finir rassasié et satisfait du plat. La différence réside dans le fait qu'entre le premier type de service présenté et le quatrième, il y aura presque le double de quantité avalée.

« *Choisir, c'est renoncer.* »

Le cerveau n'aime pas vraiment renoncer. Donc s'il y a un choix à faire, il fera en sorte de tout prendre. On se retrouve alors à manger plus que nécessaire pour éviter la frustration du choix. Alors, si le plat arrive dans l'assiette, prêt à être mangé, on ne réfléchit pas, on apprécie juste ce qui vient d'être servi[79].

Voici une illustration concrète, lors d'un barbecue :

Situation 1 : J'apporte les 40 saucisses cuites d'un coup : chacun prend son bout de pain, y enfile deux saucisses et le remplit de sauce. On ne sait pas s'il en restera après, donc on en met une de plus, et en même temps, si on ne les mange pas maintenant, elles risquent de refroidir, donc on mange un peu plus vite.

Situation 2 : L'hôte de maison nous amène à tous un sandwich avec 1 saucisse. On le savoure tranquillement, car le reste n'est pas encore prêt. Lorsque la suite arrivera, on en prendra peut-être une deuxième ou peut-être qu'on n'aura plus si faim. Si notre hôte se retrouve avec des saucisses en trop, il pourra les conserver pour les manger plus tard.

Finalement, amenons directement à table le plat servi, dans des assiettes de petites tailles. Si une grande assiette n'est pas remplie, on aura l'impression que la quantité servie est moindre. Si les invités ont encore faim, on aura plaisir à les servir de nouveau. Mais généralement, la majorité des convives n'auront plus faim, et ne se seront pas forcés à manger par gourmandise ou respect.

Astuce 3 : S'imposer une régularité

Manger à heures régulières permet à l'organisme d'anticiper la sécrétion des enzymes digestives afin de faciliter la digestion, ce qu'on appelle la « chronobiologie ». En effet, le corps humain détient des horloges internes qui permettent d'anticiper le jeu hormonal quotidien, pour l'optimiser. Hormis dans des cas particuliers où l'apéritif dure longtemps et le passage à table est bien plus tardif que prévu, l'alimentation quotidienne est davantage favorable lorsqu'elle est régulière. Le rythme circadien, dont on découvrira les pouvoirs plus tard, permet à l'organisme d'être préparé et de réciter son opéra physiologique chaque jour comme un vrai maestro. Par ailleurs, selon Breus[122], manger à des heures régulières améliore la qualité et le confort de la digestion, alors que manger à des heures irrégulières ferait prendre plus de poids, quelle que soit l'alimentation[123].

Après le repas

Le repas est passé, le ventre est gonflé et les yeux se ferment peut-être. De multiples symptômes peuvent arriver et gêner l'après-midi ou la nuit qui suit.

Astuce 1 : Utiliser la phytothérapie

Voici 4 infusions qui semblent avoir une grande efficacité sur l'activité digestive :

- le radis noir : stimule la sécrétion de bile et aide le foie à épurer le sang ;
- l'artichaut : stimule la sécrétion de bile, régule le fonctionnement du foie et le stress oxydatif ;
- le gingembre : peut également se consommer directement, hors infusion. Le gingérol stimule la digestion et surtout a une capacité antiémétique très intéressante (réduit les nausées et les vomissements) ;
- le chardon-marie : déjà utilisée déjà par les Grecs, la silymarine est un principe actif qui facilite le métabolisme hépatique.

Comme pour la « gueule de bois », l'idéal est d'acheter ces infusions chez de vrais herboristes, et non dans des sachets industriels, afin que l'efficacité soit maximale.

D'autres aliments peuvent favoriser la digestion :

- le miel : ses enzymes soutiennent la digestion. Pour en bénéficier, il est préférable d'en consommer des non pasteurisés (non chauffés) ;
- le bicarbonate de soude alimentaire : permet de réduire les remontées acides (très efficace contre l'acidité gastrique, car c'est

très basique et cela tamponne bien l'acidité stomacale). On peut en mettre une pincée dans un verre d'eau ;

- le citron : permet de soulager les inconforts et de stimuler la digestion. Une cuillère de miel ou quelques gouttes de citron dans l'infusion tiède est l'idéal.

Astuce 2 : Utiliser l'aromathérapie

Nous vous rappelons qu'en cas de doutes ou d'interrogations, n'hésitez pas à vous rapprocher d'un pharmacien, d'un naturopathe ou d'un médecin. Ces conseils sont indicatifs, mais cela reste des principes actifs avec lesquels il ne faut pas abuser.

En fonction des symptômes ressentis après un repas copieux, vous pouvez utiliser des huiles essentielles pour les soulager :

- face à la somnolence : la menthe poivrée. Il suffit de la humer directement au flacon ou de poser quelques gouttes sur l'intérieur du poignet ;
- face aux douleurs ou pour retrouver le calme : la lavande vraie est très efficace. À utiliser de la même manière que la menthe poivrée ;
- en cas de ballonnement et de digestion difficile : l'estragon. Un petit massage du ventre avec 2 à 3 gouttes mélangées à de l'huile végétale est vraiment intéressant.

Astuce 3 : Se reposer sans lézarder

Le repos et le calme sont très importants pour permettre au système digestif de s'exécuter. Néanmoins, si l'on n'a pas la possibilité ou le temps de faire une sieste, il y a des techniques pour réduire la somnolence sans augmenter sa nervosité par du café. Marcher dehors en exposant sa peau au soleil (à éviter en cas de forte chaleur) permet de réguler le rythme circadien par la lumière du jour et de garder ainsi le corps éveillé (davantage d'informations sur ce sujet dans la prochaine partie). Si, à l'inverse, on préfère faire la sieste, la position allongée peut créer une pression sur le sphincter haut de l'estomac et augmenter les risques d'un reflux gastro-œsophagien. Si vous êtes sensible à ces « remontées acides », reposez-vous légèrement redressé. Marcher permet de faciliter le péristaltisme et de libérer une respiration diaphragmatique. Les ceintures et la position assise prolongée ont habitué l'Homme à une respiration thoracique. Une respiration abdominale permet au diaphragme de travailler normalement et de masser le système digestif. Une respiration saine facilite donc la digestion en aidant la motilité et en détendant la partie haute du système digestif : le foie, le pancréas et l'estomac[124]. Pour savoir si l'on a une respiration abdominale, voici un exercice simple :

- se mettre debout et respirer normalement ;
- poser une main sur son ventre et l'autre sur sa poitrine ;
- observer et ressentir la main qui se soulève le plus.

La respiration est plus fonctionnelle lorsqu'elle est ventrale (ou abdominale). De surcroît, une meilleure amplitude respiratoire améliore le processus de désacidification corporel. En effet, les ions H^+ mentionnés plus haut dans le stress oxydatif et l'acidité corporelle sont éliminés à 75 % par la respiration[42]. En s'appliquant à opter pour une respiration abdominale, donc à gonfler le ventre à l'inspiration, sans exagérer celle-ci, cela peut faciliter la digestion. La sédentarité de manière générale ralentit le flux de circulation et d'élimination des acides par les poumons, les reins et la peau. Un peu d'activité corporelle comme le simple fait de marcher aura des bénéfices sur la capacité du corps à gérer les excès liés au repas.

En résumé

SYMPTÔMES	CAUSES	SOLUTIONS
• Fatigue. • Ballonnements et gaz. • Remontées acides.	• Activité digestive importante liée à une mauvaise mastication d'aliments complexes (graisses, protéines et glucides type amidon). • Grosse quantité d'aliments ingérés. • Forte teneur en protéines, FODMAP, lactose ou gluten. • Irritation par une forte sécrétion d'enzymes digestives à la suite d'une teneur importante en protéines et graisses. • Irritation par l'alcool. • Dysfonctionnement du sphincter œsophagien par trop grande quantité ingérée, stress intense, alcool et/ou position allongée. • Vomissement.	• Privilégier des aliments de qualité, avec un maximum de végétaux. • Éviter les produits ultra-transformés. • Adopter le bon mode de cuisson. • Privilégier le service à l'assiette, dans des assiettes de taille moyenne. • Prendre son temps pour manger et bien mâcher. • Éviter le jeûne avant un gros gueuleton. • Manger à des heures régulières. • Infusions de gingembre ou d'artichaut. • Utiliser l'huile essentielle de menthe poivrée ou d'estragon.

RECETTES

Le piège lors des « gueuletons » est souvent qu'ils sont précédés d'un apéritif, lui-même gras et copieux : chips, saucisson… Or il peut rester délicieux avec des produits plus sains et digestes. Voici quelques idées.

Vous trouverez également quelques recettes de plats gourmands et sains.

Les dosages restent approximatifs, car cela dépend de vos goûts. N'hésitez pas à goûter et à expérimenter !

NB : cs veut dire « cuillère à soupe » et cc « cuillère à café ».

APÉRO

MOUSSE DE SARDINE

Ingrédients

- 200 g de sardines nature en conserve
- 2 échalotes, 1 oignon nouveau ou oignon
- 200 g de fromage frais
- 1 cs de vinaigre de cidre
- 1 gousse d'ail
- 2 cs de jus de citron
- 2 cs d'huile d'olive
- Ciboulette ou persil
- Sel, poivre, cumin (ou curry)

Recette

1. Retirer les arêtes des sardines et les émietter à la fourchette.
2. Ciseler finement les échalotes (ou l'oignon), la ciboulette (et/ou le persil) et l'ail.
3. Mélanger tous les ingrédients à la fourchette.
4. Rajouter du citron, de l'huile d'olive ou du poivre pour équilibrer (pas besoin de trop saler, car il y a déjà la sardine).

Bonus saveur : Ajouter une petite cuillère de sirop d'érable pour apporter de la douceur.

Bonus déco : Mettre une couche de graine de lin ou de sésame avant de servir avec un quartier de citron planté (ou quelques zestes).

RILLETTES DE MAQUEREAU

Ingrédients

- Une boîte de maquereaux en conserve
- Un oignon nouveau
- 2 cc de crème fraîche
- 2 cs de câpres
- 2 cornichons
- Sel, poivre, cumin
- Un filet de vinaigre balsamique et d'huile d'olive
- Ciboulette

Recette

1. Émietter le maquereau à la fourchette.
2. Ciseler finement l'oignon, les câpres, les cornichons, la ciboulette.
3. Ajouter le reste des ingrédients.

Tips saveur : ajouter épices ou herbes à votre convenance.

Tips déco : parsemer de graines de lin ou de sésame et planter un quart de citron avant de servir.

TARTINE D'AIL CONFIT

Ingrédients

- Ail : 10-15 gousses
- Sel
- Branche de thym ou romarin ou autres herbes
- Huile d'olive
- Pain
- Tomates cerises
- Basilic

Recette

1. Préchauffer le four à 180 °C.
2. Éplucher l'ail et remplir une petite cocotte.
3. Mettre le thym (ou autre aromate), une pincée de gros sel, et recouvrir d'huile d'olive.
4. Mettre au four environ 40 minutes (vérifier que l'ail soit un peu bruni, mais pas brûlé et/ou séché).
5. Préparer des tartines de pain grillé et couper les tomates cerises en deux.
6. Une fois l'ail confit, il se tartine facilement sur le pain. Ajouter quelques tomates et du basilic ciselé.

Tips saveur : mettre quelques zestes de citron ou d'orange.

CHOU-FLEUR RÔTI

Ingrédients

- 1 chou-fleur
- Cumin, paprika
- 4 cs d'huile d'olive
- Poivre

Recette

1. Préchauffer le four à 200 °C.
2. Couper le chou-fleur en fleurettes.
3. Dans un récipient, mélanger le chou-fleur avec l'huile d'olive, le cumin, le paprika et plusieurs tours de moulin à poivre (dosage d'épices à votre convenance).
4. Enfourner dans un plat prévu à cet effet.
5. Laisser cuire environ 20 à 40 minutes (vérifier souvent).
6. Sortir lorsque le chou-fleur se colore suffisamment. Goûter pour sortir en fonction du croquant souhaité.
7. Servir tel quel ou avec une mayonnaise maison (avec du paprika) ou du tzatziki.

Tips saveur : asperger d'un peu de jus de citron avant de consommer.

TORTILLA

Ingrédients

- 2 oignons
- 4 pommes de terre de taille moyenne
- Huile d'olive
- 3 ou 4 œufs
- Thym et/ou romarin
- Paprika
- Poivre

Recette

1. Couper les patates en morceaux de 2-3 cm.
2. Faire revenir les pommes de terre dans une poêle à feu vif avec de l'huile d'olive. Recouvrir.
3. Au bout de 3 minutes, mélanger et baisser un peu le feu, couvrir les patates et continuer de les cuire durant 9 minutes en mélangeant toutes les 3 minutes.
4. Sur la dernière tranche de 3 minutes, mettre les différents aromates.
5. Réserver dans un bol couvert. Faire revenir les oignons quelques minutes (le temps de les blondir) puis baisser le feu et laisser confire doucement.
6. Mélanger le tout dans le bol avec les œufs.
7. Mettre le tout 1 minute dans la poêle chaude et huilée. Couvrir la poêle d'une assiette et exercer une pression de façon à retourner la poêle pour déposer la tortilla sur l'assiette (sans la faire tomber ou vous brûler). Puis délicatement remettre la tortilla dans la poêle pour cuire de l'autre côté 1 minute.

Si vous n'aimez pas baveux, il suffit de recommencer de chaque côté.

TARTINE DE PICKLES D'OIGNONS

Ingrédients

- 2 oignons
- Vinaigre de cidre (ou autre)
- Aromates : thym, romarin, graine de moutarde, laurier…
- 10 g de sucre roux de préférence
- Huile d'olive
- Pain

Recette

1. Prendre un pot hermétique (type pot de cornichons) et le nettoyer.
2. Remplir la moitié du pot avec une proportion : 60 % eau, 40 % vinaigre.
3. Verser ce liquide dans une casserole, ajouter 10 g de sucre, une pincée de sel et mettre à feu moyen jusqu'à ébullition.
4. Mettre les aromates choisis dans le pot.
5. Ciseler l'oignon et l'insérer dans le pot sans trop tasser.
6. Une fois le liquide en ébullition, remplir le pot avec et laisser la mixture refroidir à l'air ambiant sans couvercle, puis mettre au frigo.
7. Laisser reposer au moins 24 h. Se consomme dans les 3 semaines.

S'ajoute dans les salades ou se consomme sur une tartine grillée avec un filet d'huile d'olive.

CROUSTILLANT DE BROCOLIS

Ingrédients

- 1 brocoli
- Cumin, paprika
- 4 cs d'huile d'olive
- Poivre

Recette

1. Préchauffer le four à 200 °C.
2. Couper le brocoli en fleurettes, éplucher le tronc et le couper en dés.
3. Dans un récipient, mélanger le brocoli avec l'huile d'olive, le cumin, le paprika et plusieurs tours de moulin à poivre (dosage d'épices à votre convenance).
4. Enfourner dans un plat prévu à cet effet.
5. Laisser cuire environ 20 minutes (vérifier souvent).
6. Sortir lorsque les brocolis brunissent et que l'extrémité croustille un peu.
7. Servir tel quel, avec une mayonnaise maison (avec du paprika) ou du tzatziki.

Tips saveur : asperger d'un peu de jus de citron avant de consommer.

LES BASES

- Houmous
- Houmous de haricots rouges
- Tzatziki
- Tomates cerises
- Radis
- Melon
- Dés de champignon avec de l'huile d'olive et du vinaigre balsamique
- Champignons farcis au fromage frais

PLATS

TATIN DE TOMATE

Ingrédients pour 4

- 6 tomates
- 2 cs de miel
- 2 cs de moutarde
- 2 cs d'huile d'olive
- 1 pâte brisée
- 2 cs de vinaigre balsamique
- Poivre, curry, thym et/ou romarin

Recette

1. Préchauffer le four à 180°.
2. Couper les tomates en deux et les placer dans le moule sur la peau en les serrant et en mettant un filet d'huile d'olive et du poivre.
3. Au bout de 30 minutes, retirer les tomates et vider l'eau rendue.
4. Répartir 1 cs d'huile, 2 cs de miel et de vinaigre dans le moule, avec les herbes et épices.
5. Placer de nouveau les tomates dans le moule en les serrant.
6. Badigeonner la pâte de moutarde et recouvrir les tomates (avec le côté moutarde) en insérant bien le bord de la pâte à l'intérieur du moule.
7. Faire un petit trou dans la pâte et enfourner.
8. Lorsque la pâte est bien colorée, sortir puis retourner le moule en plaquant une assiette contre pour remettre la tarte dans le bon sens.

Tips déco : feuilles de basilic, pincées de curry et un micro-filet de vinaigre.

Tips : possible avec poireau ou oignon.

FAJITAS

Ingrédients pour 4

- 3 filets de poulet
- 5 poivrons
- 2 oignons
- 5 cs d'huile d'olive
- 250 g de purée de tomate
- 250 g de fromage frais
- 8 galettes de maïs
- Vinaigre balsamique ou sirop d'érable
- Paprika, cumin, curry, poivre

Recette

1. Découper le poulet en petites lamelles et mariner dans de l'huile d'olive avec les épices (dosage à votre convenance).
2. Faire revenir le poulet dans une sauteuse à feu vif. Une fois coloré (quelques minutes), le réserver dans un plat couvert.
3. Découper les poivrons et oignons en lamelles et faire revenir dans la sauteuse avec de l'huile d'olive à feu vif.
4. Lorsque c'est bien coloré, ajouter l'ail et 1 cs de chaque épice 2 minutes, puis la purée de tomate et baisser le feu pour laisser mijoter à couvert.
5. Ajouter 1 cuillère à soupe de vinaigre ou de sirop d'érable (à votre convenance) et laisser mijoter 10 minutes. Ajouter le poulet et laisser cuire 5 à 10 minutes.
6. Lorsque cela vous paraît goûteux, chauffer les galettes, tartiner un peu de fromage frais et incorporer l'appareil selon votre gourmandise.

Tips saveur : quelques bouts d'avocat, ou incorporer de l'œuf dur émietté.

Tips empanadas : remplir la moitié d'une pâte brisée et recouvrir (comme une calzone). Sceller la jointure, faire un petit trou dans la pâte, et enfourner.

PASTA DI MAMMA

Ingrédients pour 4

- 3–4 poignées d'épinards
- 1 courgette
- 4 gousses d'ail
- 2 cs d'huile d'olive
- 500 g de pâtes
- 2 boules de mozzarella et parmesan
- 15 tomates cerises environ et 1 boîte de purée de tomate
- Olives noires
- Basilic, origan, poivre

Recette

1. Découper la courgette en petits cubes et faire revenir à feu vif dans une sauteuse avec les tomates cerises et de l'huile d'olive.
2. Cuire les pâtes « al dente ».
3. Lorsque les courgettes sont colorées (léger brunissement), baisser le feu et incorporer l'ail haché, les épinards lavés et couvrir la sauteuse.
4. Au bout de 5 minutes, ajouter la purée de tomate, les olives, 6 feuilles de basilic, 3 bonnes pincées d'origan et bien poivrer. Continuer de cuire à feu moyen, toujours à couvert.
5. Lorsque les pâtes sont cuites, les incorporer à la sauteuse avec une petite louche d'eau de cuisson. Incorporer les 2 boules de mozzarella coupées et mélanger. Servir avec un peu de parmesan.

Tips déco : servir avec quelques olives noires et feuilles de basilic.

Tips saveur : un filet d'huile d'olive au service et/ou un œuf mollet.

Tips saveur : 1 cuillère de sirop d'érable ou de vinaigre balsamique à l'étape 4.

LACTOFERMENTATION

Ingrédients

- Tout légume (de préférence bio) sauf la pomme de terre
- Bocal en verre à joint type « Le Parfait »
- Gros sel de mer (sans fluor et iode)
- Eau non chlorée (laisser 30 minutes à l'air libre)
- Épices et aromates

Recette

1. Les meilleurs légumes en lactofermentation : carotte, chou, ail, haricot vert…
2. Bien nettoyer les ustensiles et les légumes.
3. Couper le/les légume(s) sans retirer la peau (c'est là que sont les bactéries nécessaires).
4. Dans un récipient, mélanger avec des épices et/ou aromates et le sel (2 % du poids). Pas moins, sinon cela ne crée pas un milieu barrière aux bactéries non souhaitées. Si c'est trop, c'est désagréable à manger.
5. Remplir le pot et immerger avec l'eau jusqu'à 2 cm en dessous du bord. Tasser pour évacuer l'air. Fermer hermétiquement et placer dans une assiette (l'évacuation de l'air fera sortir un peu de liquide, ce n'est pas grave).
6. Stocker à température ambiante 3 semaines puis stocker dans un lieu frais (cave ou frigo jusqu'à 1 an).

Si l'odeur est forte, mais agréable, cela a fonctionné, si c'est une odeur avariée type charogne ou œuf pourri, la fermentation est ratée.

Une fois entamé, conserver au frais et le manger dans les 2 semaines.

La flore blanche qui apparaît dans un bocal entamé est une moisissure sans danger. Il suffit de la retirer.

SOMMEIL DE PLOMB

TROUVER LES BRAS DE MORPHÉE

Nous avons toute la vie pour nous amuser
et toute la mort pour nous reposer

GEORGES MOUSTAKI

Le sommeil est la moitié de la santé

PROVERBE FRANÇAIS

Le B.A.BA

La question du sommeil est cruciale en Occident aujourd'hui. Le rythme de vie accéléré crée un contre-la-montre oppressant où il est difficile de s'endormir, ou de se réveiller reposé. Vous maîtrisez sûrement déjà les conseils réputés comme « couche-toi tôt », « pas de café le soir » ou « pas d'écrans avant d'aller dormir ». Maintenant, si vous décidez tout de même de faire un marathon d'écran jusqu'à pas d'heure, si vous avez besoin de votre café après le dîner, ou si vous sortez jusqu'à 5 h du matin, quelles astuces mettre en place pour réussir à trouver un sommeil réparateur et de qualité ?

Dans cette partie, vous découvrirez les raisons des recommandations connues afin de maîtriser les paramètres du sommeil pour se reposer et pallier les aléas d'un quotidien mouvementé.

Comprendre le sommeil

Qu'est-ce que dormir ?

Il est important de comprendre le mécanisme fondamental du sommeil pour avoir la forme le jour et être fatigué le soir, plutôt qu'avoir les yeux qui se ferment la journée, mais grands ouverts la nuit (sauf si vous travaillez de nuit).

C'est durant ce temps de repos que l'organisme est en activité pour se détoxiquer, se réparer, et s'améliorer. En effet, l'activité cérébrale ou musculaire crée des usures et génère un ensemble de déchets durant la journée qu'il faut traiter[125]. C'est à cet instant que nous gravons dans la mémoire les expériences vécues de la journée qui nous importent (consciemment ou inconsciemment)[126]. L'organisme exécute les tâches de maintenance et de réparation lorsqu'il est le moins sollicité. Visualisez votre colère quand les travaux de voirie se déroulent en pleine heure de pointe !

Un sommeil de mauvaise qualité ne permet pas de réaliser ces tâches de nettoyage et de réparation en intégralité. L'organisme se réveille lésé, à partir de là crée une dette de récupération et une baisse du potentiel corporel.

Quantité vs qualité

Il est recommandé de dormir entre 6 et 9 heures chaque nuit, mais la quantité ne fait pas tout : 5 heures de sommeil de qualité peuvent être plus réparatrices que 9 heures dans de mauvaises conditions (rappelez-vous l'impact de l'alcool sur le sommeil par exemple !). Un sommeil de qualité se ressent, on se sent en pleine possession de ses moyens toute la journée. Alors, si vous savez que la nuit prochaine sera courte, vous découvrirez des astuces pour que la récupération soit tout de même efficace.

Il ne faut pas pour autant se focaliser sur la quantification du sommeil. Les recommandations sont des normes. En effet, « *il y a deux siècles, rien presque de notre modèle standard de sommeil n'existait tel que nous le connaissons aujourd'hui*[127] ». Les historiens prouvent qu'avant l'industrialisation, le sommeil de l'être humain était différent, car moins « standardisé » et pointé du doigt. Ce qui importe est de se reposer. Lorsqu'on n'a pas d'horaires, on dort quand on est fatigué, et si on se réveille la nuit, on peut continuer des tâches, réfléchir ou partager un moment en famille (si le jeu en vaut la chandelle, d'où l'expression). Les gens suivaient les signaux biologiques (induits souvent par la luminosité et l'état de vitalité). Le sommeil est en réalité flexible, adaptable et personnalisé. D'un individu à l'autre, d'une culture à l'autre, on retrouve des nuits coupées, des façons de dormir nu ou habillé, en collectivité ou isolé… mais aucune recette miracle. D'ailleurs, une étude[128] sur trois populations au mode de vie « primitif » et sans électricité a montré qu'ils dormaient en moyenne 6 à 7 heures par nuit, ce qui est proche des habitudes d'un Occidental. En revanche, la qualité du sommeil est souvent meilleure, car ces personnes suivent davantage leurs signaux biologiques et le rythme du soleil comme nous allons le voir. Alors pourquoi mettons-nous autant de normes et d'importance ? Comme le révèle Reiss, l'arrivée de l'industrialisation a nécessité de générer des horaires de fonctionnement, et avec le taylorisme, il fallait optimiser le temps d'activité et en contrepartie optimiser le temps de repos pour conserver des ouvriers à l'heure et en forme. Tout un modèle médical s'est frénétiquement attaqué aux standards du sommeil. Cependant, la rationalisation, la standardisation et maintenant la quantification du sommeil à l'aide d'outils technologiques continuent d'écarter l'individu de ses sensations et de sa spécificité. Les conseils que nous allons vous apporter sont à expérimenter et ne conviendront pas à tous. Prenez ce que vous avez à prendre, en gardant en tête que dormir est avant tout une histoire de biologie. Pour nuancer, il faut toutefois comprendre que le mode de vie actuel intègre bon nombre de stimulants qui perturbent la biologie. Ce livre vous apporte aussi de multiples conseils à cet égard.

Pourquoi la nuit est-elle propice à un sommeil de qualité ?

Malheureusement pour les fêtards, Homo sapiens est un animal diurne (inverse de nocturne), c'est-à-dire qu'il est en activité la journée. L'organisme, tant sur le plan sensoriel que physiologique, fonctionne au rythme du soleil. La vue, le sens prioritaire pour l'être humain, n'est d'aucune utilité dans l'obscurité de la nuit. C'est donc un temps imposé d'inaction et de repos comme bon nombre d'autres animaux.

Le rayonnement solaire stimule des récepteurs mettant l'organisme en activité. La nuit, le soleil n'étant plus visible, les récepteurs ne sont plus stimulés. De surcroît, comme il se trouve à l'opposé de la Terre, cette dernière absorbe une bonne partie des ondes électromagnétiques.

La réduction de ces ondes favorise la mise au calme de l'organisme. C'est pourquoi il est admis par la communauté scientifique que 2 heures de sommeil diurne équivalent à 1 heure de sommeil nocturne[5]. Tous les appareils électroniques émettent également des ondes électromagnétiques. Elles perturbent la communication cellulaire de l'organisme et contribuent à son dysfonctionnement. Pour éviter cela, il faut essayer d'éloigner ses appareils électroniques d'au moins 2 mètres quand on se couche, voire de les laisser dans une autre pièce et de couper le wifi. Promis, la nuit, il n'y a pas besoin de réseau pour rêver.

Quel est l'impact d'un mauvais sommeil sur l'organisme ?

Mode de vie, stress, travail, marathon Netflix, les causes du mauvais sommeil, voire des insomnies, sont nombreuses. Cela peut être dérangeant. En effet, l'Homme dort un tiers de sa vie. Si vous redoutez d'aller vous mettre au lit, car vous savez que vous allez passer une mauvaise nuit, cela signifie que pendant 30 ans (environ un tiers de votre vie), vous passerez un mauvais moment.

Différents symptômes sont directement liés au manque de sommeil : irritabilité, état dépressif, prise de poids, diabète, hypertension, affaiblissement du système immunitaire. La privation de sommeil augmente l'appétit en perturbant les hormones, par exemple la sécrétion de la leptine (hormone de la satiété) est diminuée, alors que la sécrétion de ghréline (hormone de la faim) est augmentée.

DORMIR FAIT MAIGRIR ?

Le manque de sommeil détériore le système de satiété et de contrôle de la pulsion, ce qui amène à manger plus, et notamment des produits très caloriques.

Un sommeil réparateur et routinier favorise donc une prise alimentaire plus rationnelle.

Lorsqu'on dort, l'organisme continue de fonctionner durant une période de jeûne. Pour conserver un niveau normal de glycémie, le corps utilise en priorité le stock de gras. En effet, la triglycéride lipase, qui est l'enzyme favorable à l'utilisation des graisses, est à son activité maximale durant la nuit, et d'autant plus que le dernier repas a été pris tôt.

Donc dormir ne fait pas « maigrir ». C'est plutôt de ne pas dormir suffisamment ou dans de bonnes conditions qui contribue fortement à prendre du poids.

On ne meurt pas directement d'un manque de sommeil, en revanche c'est une porte d'entrée à de nombreux problèmes, physiques ou psychiques, pour l'organisme. La dette de sommeil accentue le système inflammatoire, générant beaucoup d'autres maux. Durant la nuit, la production de molécules inflammatoires est au maximum, car c'est le temps de travail du système immunitaire. Un sommeil de qualité facilite la régulation de l'inflammation et de la guérison. À l'inverse, une dette chronique de sommeil prive les cellules immunitaires d'énergie et de temps suffisant pour lutter contre les éléments pathogènes, augmentant les risques d'emballement de maladies. C'est pour cela qu'il est nécessaire de comprendre comment optimiser son repos pour compenser les nuits courtes et agitées.

Le sommeil est aussi là pour réparer les dommages du stress oxydatif de la journée. C'est durant le sommeil nocturne, notamment le sommeil profond, que l'organisme régule le niveau d'acidité accumulé dans la journée, et permet la migration des acides vers les émonctoires (poumons, reins, peau)[42].

Dormir est également primordial pour la mémoire et les apprentissages : c'est pendant la phase de sommeil paradoxal que l'être humain mémorise toutes les expériences qu'il a vécues dans la journée.

LES 3 PHASES DU SOMMEIL

La latence d'endormissement est la phase où l'on passe de l'état d'éveil à l'état de sommeil. Elle dure entre 5 et 20 minutes.

Après l'endormissement, on rentre dans un cycle de sommeil composé de 3 phases, chacune possédant un rôle particulier. Un cycle de sommeil dure environ 90 minutes. Durant une nuit, l'idéal est de dormir entre 4 et 6 cycles, en fonction de chacun.

- Sommeil lent léger : c'est la première phase du cycle, elle représente environ la moitié du temps de sommeil total. C'est une phase durant laquelle l'activité cérébrale ralentie. On peut être réveillé assez facilement.
- Sommeil lent profond : c'est la deuxième phase, elle représente environ 25 % du temps de sommeil. Cette phase est la plus réparatrice pour le corps, on récupère de la fatigue accumulée, on répare les muscles et les tissus.

- Sommeil paradoxal : c'est la dernière phase du cycle, elle représente environ 25 % du temps de sommeil total. L'activité cérébrale commence à s'activer, alors que les muscles restent totalement détendus comme dans la phase précédente, c'est pour cela qu'on parle de paradoxe. Le tronc cérébral envoie des signaux pour détendre les muscles essentiels à la posture du corps et aux mouvements des membres, sinon on pourrait réaliser les mouvements associés aux rêves. Cette phase permet la récupération émotionnelle, ainsi que la consolidation de la mémoire.

Évidemment, pour faciliter l'endormissement et raccourcir ce temps de latence, il existe aujourd'hui de nombreux traitements médicamenteux. Mais les risques sont bien présents : les hormones peuvent être perturbées, des lésions peuvent apparaître sur les organes et tissus, et surtout il est possible de tomber dans une forte dépendance chimique. L'endormissement sera sûrement meilleur, mais le sommeil ne sera pas de meilleure qualité pour autant. À noter : s'endormir rapidement n'est pas forcément signe de sommeil récupérateur, surtout lorsqu'il est déclenché artificiellement (somnifère, alcool, drogue…). Par ailleurs, les somnifères réduisent la phase de sommeil paradoxal, primordiale pour récupérer correctement de la journée écoulée.

Cela vous paraît-il insurmontable de vous endormir rapidement, d'avoir un sommeil réparateur, de bonne qualité, tout cela de manière naturelle ? Voici quelques solutions pour vous endormir rapidement et dormir profondément, mais aussi pour que le réveil paraisse facile et que l'énergie soit directement utilisable. À vous de les essayer et de voir ce qui fonctionne le mieux.

Sur quels facteurs se pencher pour améliorer sonsommeil ?

Le rythme circadien, l'horloge biologique interne de l'organisme, gère un bon nombre de fonctions, y compris la sécrétion de différentes hormones. Entraîner son corps à sécréter les hormones qu'il faut au moment adéquat et l'envie de dormir s'installera toute seule le soir. L'avantage d'une horloge bien réglée est que votre corps anticipe vos besoins. Il prépare le réveil lorsqu'il sait que ce dernier approche, il prépare le sommeil quand la nuit tombe, il prépare le système digestif lorsqu'il va être l'heure de manger…

LE RYTHME CIRCADIEN

Le rythme circadien est l'horloge interne, programmée sur 24 heures, qui se charge de déclencher les fonctions naturelles de manière inconsciente. Cette horloge, associée à la libération d'hormones aux différents moments de la journée, se charge de réguler la température corporelle, la tension artérielle, le système immunitaire, la digestion… Tout cela se calque sur le rythme de la journée, pour qu'à chaque instant l'organisme soit dans l'état qui répond au mieux aux besoins naturels. Si cette horloge est correctement réglée, calquée sur les cycles naturels du jour et de la nuit, vous devriez être en forme le matin et bien dormir la nuit. Mais comme n'importe quelle horloge, il est aussi possible qu'elle se dérègle. C'est à ce moment que l'organisme n'est plus dans les meilleures conditions pour répondre aux besoins naturels, comme entrer dans un sommeil réparateur.

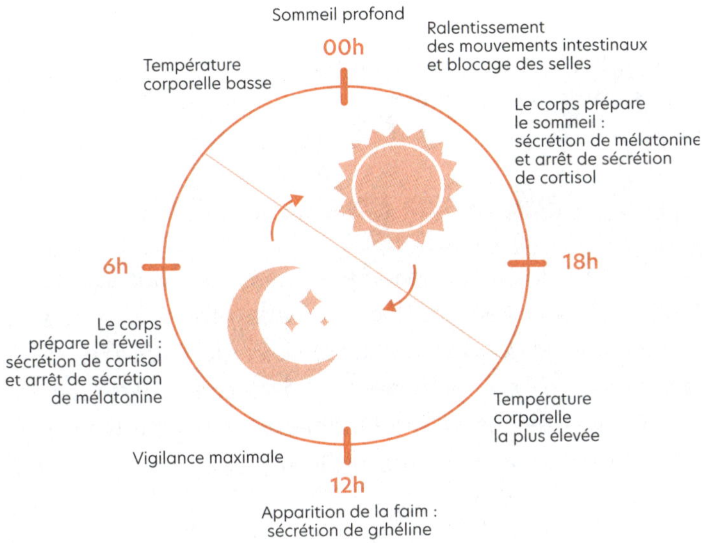

Trois hormones sont particulièrement intéressantes pour dormir le mieux possible. La sérotonine, connue pour réguler la sensation de bien-être, est également transformée en mélatonine au moment d'aller dormir. La mélatonine est l'hormone qui permet à l'organisme d'être dans les meilleures conditions possible pour bien dormir. Elle est sécrétée lorsque la nuit tombe, et s'arrête au lever du jour. Enfin, le cortisol peut être considéré comme le héros de nos journées, mais l'ennemi de nos nuits, si le rythme circadien est déréglé. En journée, le cortisol donne de l'énergie, augmente la vigilance et la vitalité. À l'inverse de la mélatonine, il est sécrété au lever du soleil et s'arrête à la tombée de la nuit. En cas de surproduction ou de production au mauvais moment, il devient l'hormone du stress. Vivre au rythme naturel et instinctif de l'organisme permet au corps de maîtriser le jeu des hormones veille/repos.

Imaginez une semaine sans téléphone ni électricité à la nuit tombée, et aucune obligation le lendemain. Au bout du 7e jour, à quoi ressembleraient vos nuits ? Quels seraient vos horaires de coucher et de réveil ?

Nous sommes conscients que ce n'est pas envisageable de mener un tel rythme dans notre société, c'est pour cela que nos astuces, facilement applicables, vont vous aider à concilier au mieux votre mode de vie et un sommeil de qualité.

ZOOM SUR LA MÉLATONINE[26]

Initialement, cette hormone est sécrétée par les organismes vivants durant la nuit pour se réparer des dégâts cellulaires engendrés par le soleil. En effet, elle a un pouvoir antioxydant extrêmement puissant. Contrairement aux idées reçues, la mélatonine ne permet pas simplement de dormir, mais surtout de se réparer durant la nuit. C'est pour cela que l'on peut la qualifier d'hormone du sommeil réparateur. Sa sécrétion donne le signal pour préparer le sommeil, afin qu'elle puisse coordonner la récupération du corps.

La mélatonine est vitale pour l'organisme. Elle a une action protectrice des cellules, elle protège et soutient le système digestif ainsi que le système immunitaire. Elle possède aussi un effet antidouleur important. Une sécrétion bien réglée évite ainsi divers symptômes tels que la fatigue physique, le brouillard mental, les pulsions alimentaires, les différentes souffrances et maladies, qui sont les conséquences d'une dette de sommeil.

Il faut savoir que la prise d'alcool impacte la sécrétion de mélatonine. Le sommeil superficiel causé par l'éthanol et l'éthanal perturbe son activité, donc l'organisme se retrouve privé du meilleur antioxydant, au moment où il en a le plus besoin, car pour rappel, l'alcool crée un fort stress oxydatif.

La mélatonine est la clé du sommeil, et l'une des clés de la santé.

Avez-vous déjà ressenti cette fameuse dépression saisonnière ?

Les temps importants d'obscurité démarrant à l'automne augmentent le temps de sécrétion de la mélatonine et ainsi la sensation de fatigue associée, ceci couplé à une moindre exposition à la lumière, réduisant la vitamine D, essentielle à l'activité de l'organisme. Le temps hivernal pour la majorité des mammifères est synonyme d'hibernation (réduction quasi totale de l'activité) ou d'hivernation (réduction de l'activité). La sérotonine, hormone du bien-être, a besoin d'un nutriment en commun avec la mélatonine pour être synthétisée. La mélatonine fortement sécrétée durant cette période absorbe plus ce nutriment commun et en laisse moins pour la sécrétion de la sérotonine. Il est alors fréquent que cette dernière soit peu sécrétée en période hivernale, induisant davantage de comportements dépressifs et de pulsions alimentaires.

Le rythme circadien permet un fonctionnement optimal de la biologie sur les rythmes éveil/repos. Toutefois, en cas de dette intense de sommeil, la nécessité d'équilibre (homéostasie) nous fera réussir à dormir, quelle que soit la condition. Cependant, des lésions persisteront et le repos ne sera pas aussi réparateur.

Vous avez déjà expérimenté cela ? Après une soirée en boîte de nuit, couché à 7 h du matin, il n'est normalement pas difficile de faire une sieste en pleine après-midi, même d'entrer en sommeil profond, alors que selon le rythme naturel ce n'est pas du tout une heure pour dormir. En revanche, les dégâts cellulaires ne pourront pas être entièrement réparés en une sieste.

En résumé

SYMPTÔMES	CAUSES
• Difficultés à s'endormir. • Difficultés à se rendormir. • Lever du mauvais pied : réveil difficile, irritabilité, fatigue. • Problèmes de santé : dépression, prise de poids, maladies fréquentes.	• Rythme circadien mal réglé. • Mauvaise production d'hormones. • Homéostasie : temps d'éveil excessivement long.

Améliorer son sommeil

Que ce soit au quotidien, avant ou après une nuit festive ou courte, voici de multiples conseils afin d'optimiser la capacité de récupération de votre organisme. Exceptionnellement dans cette partie, il n'y aura pas d'astuces « après » la nuit, car, lorsque le jour se lève, il vous suffit de reprendre les astuces présentes dans la partie « avant ». En effet, c'est dès le matin que se prépare la nuit suivante.

Avant de dormir

Cela peut paraître incroyable, mais bien dormir se prépare durant la journée : dès le matin et surtout dans les quelques heures précédant le coucher. Il existe quelques astuces pour gérer un éventuel réveil en pleine nuit, mais la majorité des astuces vont se retrouver dans cette partie « avant » pour garantir un sommeil de meilleure qualité.

Astuces pour régler son rythme circadien

La clé est de régler correctement votre rythme circadien, afin qu'il soit calé sur les rythmes naturels. Ainsi, votre corps sera en pleine forme au lever du soleil, et aura envie d'aller dormir à la tombée de la nuit. Voici trois astuces pour régler au mieux son horloge interne, et ainsi passer une bonne nuit.

Astuce 1 : Prendre la lumière du jour

L'être humain est un animal diurne. Tout le fonctionnement de l'organisme s'articule autour du soleil. La fameuse vitamine D est une protéine essentielle à diverses fonctionnalités vitales de l'organisme. Elle est sécrétée à 80 % par la captation des UV solaires par la peau. Il est donc vital de s'exposer quotidiennement. La sécrétion de cortisol est intimement corrélée à la sécrétion de vitamine D. C'est donc grâce à la lumière du jour que l'organisme peut se mettre en activité.

Pour le moment, on parle d'activité, pas de repos, mais c'est justement lié. Nous l'avons déjà évoqué, la mélatonine est sécrétée pour réparer, la nuit, les dégâts oxydatifs de l'exposition au soleil, du jour. Concrètement, votre corps est censé sécréter de la mélatonine à la tombée de la nuit. Mais, s'il ne capte pas assez de lumière du jour, il ne différencie plus bien le jour de la nuit. Cela dérègle la sécrétion des hormones au moment opportun. Selon une étude récente, l'exposition à la lumière solaire améliore réellement la qualité du sommeil. D'ailleurs, une exposition matinale aurait un effet d'autant plus conséquent. C'est certes une étude à petite échelle, mais elle prise au sérieux par les experts du sommeil[129].

Que vous vous soyez couché tôt ou tard après une soirée, il faut donc s'exposer à la lumière du jour dès le matin pour permettre aux différents capteurs (œil et peau) de régler l'horloge biologique et mettre l'organisme dans le bon timing.

Nous ne pouvons que vous recommander de vous exposer à la lumière solaire durant la journée pour favoriser un meilleur sommeil. Cependant, nous parlons d'une exposition raisonnable, surtout le matin, et d'éviter les périodes où le niveau d'UV peut être dangereux, comme c'est le cas en été durant la période méridienne. Aussi, nous vous invitons à sortir en extérieur dès que possible, car la lumière passant à travers la fenêtre ne suffit pas, les vitres empêchant le passage de certains UV. Parmi les rayons ultra-violets, les UV B sont ceux qui permettent de synthétiser de la vitamine D. Toutefois, les vitres laissent passer certains UV comme les A, mais ont tendance à bloquer les UV B. Les A sont notamment responsables des coups de soleil en brûlant la peau. Donc on ne se ressource pas en vitamine D derrière une vitre, mais on peut tout de même abîmer sa peau. Enfin, même s'il y a des nuages, les yeux captent la lumière. Ils intègrent le message et envoient l'information au cerveau.

Donc si l'exposition de votre corps à la lumière solaire directe se résume aux deux minutes entre votre voiture et votre porte, votre peau et vos yeux n'ont que très peu de contact avec la lumière du soleil.

Pourquoi ne pas prendre vos pauses-café à l'extérieur, ou aller marcher quelques minutes dehors ? Cela vous sera bénéfique. L'idéal est de vous exposer à la lumière du soleil dès le matin à votre réveil, afin de faire comprendre à votre organisme qu'il est l'heure d'être actif et que le sommeil est terminé. Cela va également stimuler la sécrétion de cortisol, ce qui vous donnera une dose d'énergie supplémentaire pour commencer votre journée. Votre horloge interne sera ainsi correctement réglée, avec une production de cortisol au lever du jour, et une production de mélatonine à la tombée de la nuit.

Astuce 2 : Aller se coucher dans le noir

Si vous le pouvez, lorsque vous allez au lit, faites le noir total dans votre chambre. Noir total signifie que vous ne voyez même pas votre partenaire qui est couché juste à côté de vous. Aujourd'hui, une chambre occidentale est pleine de lumières artificielles, du téléphone qui charge, au réveil en passant par les lumières de la rue si les volets ne sont pas fermés. Cette exposition récurrente à la lumière la nuit perturbe le sommeil. Si nous remontons jusqu'à l'époque où nos ancêtres étaient dans leur état naturel, nous savons qu'ils étaient exposés à deux types de lumières. La lumière du soleil le jour, et celle de la lune et des étoiles la nuit. Le rythme naturel s'est adapté à ce schéma binaire jour/nuit. Une zone dans l'hypothalamus nommée « *noyau suprachiasmatique* » répond aux signaux sombres/lumineux et règle le rythme circadien. Lorsque le jour se lève, la peau et les yeux détectent la lumière solaire (avec des longueurs d'onde intenses) puis transmettent leurs messages à ce noyau, et celui-ci déclenche le réveil du corps avec la sécrétion de cortisol. Le noyau communique aussi à la glande pinéale, située également dans le cerveau, de stopper la sécrétion de mélatonine. Celle-ci relancera la mélatonine lorsque le noyau suprachiasmatique ne détectera plus de lumière solaire.

Toutefois, toutes les lumières artificielles qui nous entourent perturbent ce fonctionnement ancestral. Les lampadaires, les lampes, la TV, même le petit voyant de votre box internet envoient de fausses informations et font croire à votre cerveau que la lumière solaire est encore présente, ce qui perturbe fortement votre taux de production de mélatonine[130]. La lumière solaire est de plusieurs milliers de Lux (flux lumineux), bien loin de nos lumières artificielles généralement situées entre 50 et 300 Lux. Mais ces dernières restent bien au-dessus de la lune qui, lorsqu'elle est pleine durant une nuit dégagée, n'émettra qu'environ 0,25 Lux. C'est-à-dire que la lumière artificielle est trop faible pour déclencher un effet bénéfique sur l'organisme comme le fait le soleil, mais suffisamment forte pour gêner le sommeil et perturber le rythme circadien. Enfin, dormir avec un masque sur les yeux pour faire de l'obscurité a une limite : comme la rétine, la peau possède des photorécepteurs. Néanmoins, c'est déjà une bonne astuce s'il est difficile de faire le noir dans la chambre.

CONCRÈTEMENT, CHEZ SOI

À midi, le soleil diffuse beaucoup de lumière bleue, contrairement au début de soirée où il diffuse plutôt de la lumière rouge. Compte tenu de cette information, il est intéressant de limiter la lumière bleue chez vous lorsque la nuit tombe :

- privilégiez des lumières chaudes et tamisées pour vos luminaires ;
- utilisez les filtres de lumière bleue dans les réglages de vos appareils électroniques, pour arrêter de faire croire à votre cerveau qu'il est tout le temps midi.

L'être humain est différent de l'ordinateur, il n'y a pas de bouton pour le faire fonctionner ou pour l'éteindre, l'organisme est régi par un ensemble de processus qui s'articulent et se préparent. Si vous vous enfermez dans le noir total cinq minutes en pleine journée, votre corps ne va pas immédiatement commencer à produire de la mélatonine. L'intérêt de ces deux premières astuces est de vous faire comprendre l'importance d'aider le corps à savoir quand il fait jour et qu'il doit être en activité, et quand il fait nuit, et qu'il doit être au repos. Il n'est pas étonnant que de nombreuses personnes souffrent d'un sommeil de mauvaise qualité, au temps où l'on travaille enfermé toute la journée, et qu'on s'expose à la lumière bleue, simulant le soleil, à la nuit tombée.

Astuce 3 : Horaires de coucher et de réveil optimaux

Idéalement, il faudrait se coucher au moment opportun. Effectivement, c'est entre 22 h et 2 h du matin que la production d'hormones, notamment de mélatonine, est la plus importante pour entrer dans un sommeil profond réparateur[131]. En première partie de nuit, nous rentrons plus facilement en sommeil profond, et plus facilement en sommeil paradoxal en deuxième partie de nuit. De ce fait, lorsqu'on s'endort aux alentours de 2 h du matin, voire plus, il est plus fréquent que le sommeil profond soit faible. La récupération physique est moindre, il est donc plus probable de ressentir une sensation de fatigue corporelle au réveil. Cela peut donc expliquer que si l'on dort de 4 h du matin à midi, malgré les 8 heures de sommeil conseillées, on se sente davantage fatigué. Si c'est le cas à cause d'une soirée entre amis ou devant les écrans, essayez de vous coucher dans le bon créneau horaire la nuit suivante pour permettre à l'organisme de réparer les dégâts.

En ce qui concerne le réveil, le Dr Breus, expert en chronobiologie, démontre la mauvaise stratégie d'opter pour une grasse matinée[57]. Ne refermez pas pour autant le livre tout de suite ! L'organisme ne connaît pas le week-end. En deux jours, vous dé-programmez un rythme circadien que vous avez pris cinq jours à calibrer, ce qui crée un « jetlag ». Selon les études actuelles, l'organisme met en moyenne deux jours avant de retrouver ses conditions optimales. Cela est trop risqué, sachant que les bénéfices de la grasse matinée seront moindres, car on ne peut pas réellement rattraper une dette de sommeil. Opter pour la grasse matinée apporterait donc peu de bénéfices, et irait même jusqu'à créer de la fatigue. Le week-end, dans un delta d'une heure à une heure et demie, essayez de vous coucher et de vous lever à la même heure qu'en semaine, pour avoir un rythme circadien réglé comme une horloge suisse. Même après une soirée festive qui finit tard, recalibrer le rythme circadien en se levant aux mêmes heures qu'en semaine accélère la capacité de récupération du corps. En effet, il semblerait qu'une horloge circadienne bien synchronisée soit nécessaire pour une récupération adéquate des symptômes de la gueule de bois[132].

Pour terminer cette partie, sachez que votre cerveau produit moins de sommeil profond en fin de nuit, mais il en produit tout de même. Si cela vous paraît très dur lorsque le réveil sonne, c'est sûrement qu'il n'a pas sonné pendant que vous étiez en phase de sommeil léger, phase propice au réveil. S'il sonne durant la phase de sommeil paradoxale, ou pire pendant la phase de sommeil profond, il se peut alors que vous soyez dans ce qu'on appelle une inertie du sommeil, pouvant durer jusqu'à deux heures après le réveil[133]. Dans cet état vaseux, votre temps de réaction est réduit de 360 %, votre temps de traitement d'information est réduit de 70 %, et votre capacité à prendre des décisions de 51 %. Priez pour ne pas avoir une présentation importante à faire à la première heure, ou suivez nos conseils.

RÉDUIRE L'INERTIE DU SOMMEIL[80]

- s'exposer rapidement à la lumière du jour pour faire comprendre au corps que c'est l'heure de s'activer ;
- activer la fréquence cardiaque par de la marche ou des petits exercices musculaires ;
- stresser son corps pour augmenter la fréquence cardiaque, en passant sous un jet d'eau froide (cela permet également de faire monter la température corporelle, car le corps réagit à l'eau froide) ;
- tester le simulateur d'aube : trente minutes avant l'heure de votre réveil, il projette une lumière douce et progressive, simulant le lever du soleil, qui permet de faire place à un réveil le plus naturel possible ;
- Et en ce qui concerne le café ? Le matin, le taux de cortisol sécrété est à son maximum, le café ne permet

pas d'en sécréter davantage. Il va donc augmenter la nervosité, rien de plus. En revanche, le café à 10 h, lorsque le taux de cortisol commence à diminuer, est plus intéressant.

Le rythme biologique est fondamental pour permettre aux différents processus biologiques d'intervenir aux moments adéquats, dont le sommeil. Si vous jouez de la batterie, et que vous tapez n'importe comment sans suivre un tempo, peut-on parler de rythme ? L'organisme a besoin de suivre un tempo, c'est-à-dire une régularité dans laquelle il se reconnaît et dans laquelle il pourra anticiper pour favoriser le fonctionnement quotidien, à votre plus grand bonheur. Plus vous trouverez votre rythme, plus la chronobiologie vous sera favorable. Si vous travaillez en milieu fermé, s'exposer à la lumière artificielle est plus intéressant que la pénombre ou une lumière douce pour conserver son rythme circadien[134].

Astuces pour se mettre dans les meilleures conditions de sommeil

Astuce 1 : Pratiquer une activité physique

La première astuce est de faire de l'exercice physique pendant la journée. En effet, l'entraînement va créer des lésions musculaires, et le corps aura besoin de sommeil pour les réparer.

Il est avéré que faire de l'activité physique permet de s'endormir plus rapidement et d'avoir un sommeil de meilleure qualité. L'idéal est de faire de l'activité physique le matin. En effet, l'exercice va stimuler la circulation sanguine et permettre la mise en route du corps. Vingt minutes suffisent, faites un peu de yoga, soulevez quelques poids, allez faire une marche ou un footing. Si vous n'êtes pas très sportif, activez simplement le rythme cardiaque avec quelques bonds sur place, des pompes ou des étirements. Il est également prouvé que le sommeil profond, celui qui permet à votre corps de se réparer, est significativement plus long par rapport à ceux qui font de l'activité l'après-midi ou le soir[135]. En effet, le processus de mise au repos du corps commence en fin d'après-midi, votre température corporelle tend à diminuer. Faire de l'exercice physique à ce moment va alors contribuer à faire monter la température corporelle et à mettre l'organisme en activité, l'effet inverse de ce que l'on recherche. Quoi qu'il arrive, faire de l'exercice reste plus intéressant que ne rien faire, peu importe le moment de la journée.

Astuce 2 : Gardez l'esprit tranquille

Les tracas du quotidien, qu'ils soient financiers, relationnels, professionnels... génèrent de l'anxiété. L'apparition des montres et des agendas synchronisés notamment nous a permis de toujours plus remplir notre emploi du temps. Cela optimise les heures et augmente le rythme des journées, mais le temps s'est totalement accéléré[136]. Le cerveau est constamment sollicité, ce qui peut générer de l'anxiété.

Ce stress est la réponse « combat-fuite » naturelle et spontanée dans notre ADN pour répondre aux situations d'urgence. Le problème, c'est que ce réflexe de survie permet de bondir immédiatement à la vue d'un serpent, de fuir face à un prédateur, de rester longtemps concentré et vigilant lorsqu'on entend des bruits suspects... Aujourd'hui, les réactions de peur ne se font plus uniquement en réponse à des stimuli visuels et concrets, mais à des tracas mentaux qui ne sont pas visibles et gérables dans l'immédiat :

- Peur concrète et gérable dans l'immédiat : je vois un serpent, je stresse donc je fuis. Quand je ne vois plus le serpent, le stress disparaît.
- Peur anticipée, latente, mentale : j'ai une présentation très importante demain, je stresse et je ne peux rien y changer dans l'immédiat. Mais ici, mon stress ne me sert ni à réagir à la menace ni à fuir. Donc il ne disparaît pas et persiste.

Aujourd'hui, le rythme de vie effréné ainsi que la diversité des sources d'anxiété (travail, banque, entretien de la maison, transport...) ne facilitent pas la mise au calme de l'esprit. La tension nerveuse est omniprésente. La mélatonine et tout le processus de sommeil sont antagonistes aux mécanismes de l'éveil et du stress. L'anxiété fait sécréter du cortisol, qui vient s'ajouter à celui induit par l'alcool, les écrans, etc. Ce cortisol parasite le déroulement de l'endormissement et impacte directement la qualité du sommeil. En plus d'activer l'organisme, l'anxiété et le stress réduisent la sécrétion de sérotonine et de mélatonine, d'où l'importance de faire tomber cette anxiété. C'est logique finalement : face à un stress, ce n'est pas le moment de se détendre et de se reposer, donc l'organisme empêche cela. C'est un cercle vicieux important à casser : moins de sérotonine et de mélatonine = moins de bien-être, de détente et de repos = plus d'irritabilité et de réactivité aux sources de stress = moins de sérotonine et de mélatonine = moins de bien-être...

L'anxiété peut être créée par la peur d'être moins bon que les autres. Au quotidien, cela se traduit comme une sensation de course à l'échelle sociale, pour ne pas être mis de côté. De nombreuses études révèlent que la comparaison sociale sécrète beaucoup de dopamine, donc de sensation de plaisir[137]. Depuis tout temps, monter dans la hiérarchie sociale est un facteur de survie (plus on est haut dans l'échelle sociale, plus on peut se servir en premier, se reproduire...). Aussi primitif que cela puisse paraître, c'est une réalité neurobiologique. Ce comportement pousse aujourd'hui de nombreux individus à quitter tardivement leur travail afin de mériter une promotion. Le souci, c'est que des études révèlent que plus la comparaison sociale se densifie, plus le bien-être individuel s'amenuise[138]. En effet, il est difficile de se contenter de son état sans se comparer à autrui. C'est encore un héritage de nos ancêtres, car l'insatisfaction pousse toujours à croître, ce qui améliore la survie. À l'inverse, la modération et la quiétude n'ont jamais été rentables et réduisaient les chances de survie. Finalement, puisque nous ne sommes plus dans une nécessité absolue de monter dans la hiérarchie sociale pour mieux survivre, fermons notre ordinateur et profitons d'une soirée agréable en famille ou seul. Ce qui nous pousse inconsciemment à travailler comme des forcenés a moins de raisons d'être aujourd'hui, et amène toujours moins de calme et de sensation de bonheur.

Quelques astuces peuvent faciliter un esprit calme dans l'heure précédant le coucher. Pour commencer, évitez au maximum toute source d'anxiété (le JT, regarder son compte en banque, discuter avec son ou sa partenaire de sujets qui fâchent…). Vous avez toute la journée pour cela, ne gâchez pas votre soirée, votre nuit, et ainsi la journée suivante par fatigue. C'est le moment de lire, de raconter une histoire à ses enfants, de faire un jeu de société calme, de se câliner, de méditer… Oui, méditer. C'est sûrement l'un des meilleurs outils pour calmer son anxiété immédiatement. La méditation fait l'objet de nombreuses études qui prouvent que le temps de sommeil total, le réveil après le début du sommeil, l'efficacité du sommeil, la qualité du sommeil et la dépression se sont améliorés chez des personnes ayant utilisé cet outil[131]. Avant de vous endormir, prenez 5 minutes dans le noir, les yeux ouverts ou mi-clos, pour vous concentrer sur vos pensées. La méditation libère les endorphines et stoppe la sécrétion du cortisol.

MÉDITATION

Voici deux exercices de méditation faciles à mettre en place, parmi beaucoup d'autres :

Zazen[139]

Concentrez-vous sur votre respiration. Sentez l'air entrer dans vos poumons, et en ressortir. Si votre esprit s'échappe et commence à penser à autre chose, ce n'est pas grave. Lorsque vous en prenez conscience, recentrez votre attention sur votre respiration. Pour vous aider au début, vous pouvez essayer de compter les cycles respiratoires, et d'aller jusqu'à 10. Lorsque des pensées apparaissent, vous reprenez à 0.

Scan corporel[140]

Concentrez-vous sur une partie de votre corps, les pieds pour commencer. Concentrez-vous sur la surface de votre pied qui est en contact avec le lit, puis sur la force qui est appliquée vers le sol. Puis remontez sur le mollet, puis les fesses... jusqu'à avoir scanné toutes les parties de votre corps. Ensuite, essayez de scanner votre corps dans sa globalité. Il n'est pas question de rapidité ou d'efficacité. Il s'agit simplement de se concentrer tranquillement sur vos sens corporels, ce qui calme immédiatement l'agitation mentale.

Calmer son esprit et chasser l'anxiété facilite l'endormissement et la récupération. Aussi, si le sommeil tarde à arriver, il ne faut pas se mettre la pression. Voir le temps passer et commencer à stresser sur son temps de sommeil… facilite l'éveil par le mécanisme de l'anxiété. Il est intéressant de réapprendre à s'ennuyer, ou du moins à être éveillé sans rien faire de particulier. Le zapping mental et le cumul permanent augmentent la charge nerveuse. Ralentir, réduire et profiter des temps de pause permet de donner l'occasion au cerveau de vraiment se reposer[21].

D'ailleurs, s'endormir anxieux a aussi tendance à impacter le contenu des rêves et à augmenter les risques d'un réveil de mauvaise humeur. Odoul l'exprime bien[5] :

> Les pensées et tensions dans notre conscient au moment de se coucher sont le sachet de thé qui va infuser dans notre inconscient toute la nuit.

Astuce 3 : Avoir des relations sexuelles ?

La latence d'endormissement et la qualité du sommeil s'améliorent lorsqu'un individu a des relations sexuelles fréquentes et qu'il en est satisfait. En effet, il semblerait que l'orgasme libère un cocktail d'hormones comme l'ocytocine, la sérotonine ou la prolactine, permettant d'améliorer les différents paramètres du sommeil[141].

L'intérêt de la sérotonine dans la qualité du sommeil a été démontré depuis le début de ce chapitre. L'ocytocine a une action calmante qui permet d'aller à l'encontre du cortisol et la prolactine améliore la qualité du sommeil et du système immunitaire.

Cependant, l'endormissement est plus rapide et la qualité du sommeil meilleure si la relation sexuelle a abouti à un orgasme, que ce soit chez l'homme ou chez la femme. La relation sexuelle sans orgasme a tendance à agir négativement sur les paramètres du sommeil, notamment chez les hommes, car l'excitation génère une excitation, mais c'est bien l'orgasme qui déclenche le déversement d'hormones apaisantes. La masturbation n'influence d'aucune manière les paramètres du sommeil, car le contact corporel et l'expérience partagés sont absents pour maximiser la libération d'ocytocine et de prolactine[142]. Avoir des relations sexuelles avec son partenaire est donc une bonne chose, mais être capable de mettre de la qualité est encore mieux. Faire en sorte de s'écouter pour répondre aux désirs des deux partenaires est essentiel afin que chacun s'épanouisse et que cet acte ait un réel impact sur la qualité du sommeil.

Chaque personne possède un chronotype qui lui est propre. Certains aiment se coucher ou se lever tard, d'autres sont fatigués très tôt dans la soirée et se lèvent aux aurores. À titre individuel, ce chronotype n'impacte pas la qualité des relations sexuelles, ni celle du sommeil qui nous intéresse. En revanche, si deux individus vivent en couple, deux chronotypes similaires vont permettre d'avoir plus de plaisir lors des rapports sexuels et par corrélation un sommeil de meilleure qualité. Si les chronotypes diffèrent, une personne aimant se coucher tard aura peut-être un pic de libido au moment où son partenaire dort déjà, ou du moins est trop fatigué pour avoir un rapport sexuel. Il en est de même pour ceux qui aiment avoir des rapports le matin. De ce fait, les rapports se font moins fréquents, et ne peuvent plus impacter positivement la qualité du sommeil ou la latence d'endormissement[141].

Pour remédier à ce problème, si toutefois vous trouvez qu'il y en aurait un, il est intéressant d'essayer de caler son rythme circadien légèrement sur celui de son ou sa partenaire. Pour ce faire, essayez de vous imposer un horaire de coucher ou de lever identiques, afin que vos organismes se calent sur le même rythme.

La limite de cette astuce est évidente : il faut vivre en couple ou avoir un partenaire sexuel pour la mettre en pratique. Si ce n'est pas votre cas dans l'immédiat, vous pouvez mettre en pratique toutes les autres astuces de ce chapitre afin de bénéficier d'un sommeil de meilleure qualité.

Astuce 4 : Utiliser l'aromathérapie et la phytothérapie

Nous vous rappelons qu'en cas de doutes ou d'interrogations, n'hésitez pas à vous rapprocher d'un pharmacien, d'un naturopathe ou d'un médecin. Ces conseils sont indicatifs, mais cela reste des principes actifs avec lesquels il ne faut pas abuser.

Notre dernière astuce pour anticiper un sommeil complet et réparateur est d'utiliser les bienfaits des tisanes et huiles essentielles.

En phytothérapie, la camomille est une plante que vous pouvez prendre en tisane. Elle possède un composé, l'apigénine[143], qui soulage l'anxiété, l'humeur et la douleur, et permet ainsi de détendre les muscles et le cerveau. La valériane est une racine que vous pouvez également prendre en tisane et qui favorise l'endormissement. Peu importe l'infusion que vous choisirez pour vous endormir, privilégiez tout de même de vraies plantes, achetées chez un herboriste ou dans une boutique spécialisée, plutôt que les sachets de supermarchés, dont l'effet des plantes est souvent réduit par l'industrialisation.

En ce qui concerne l'aromathérapie, l'huile essentielle la plus intéressante pour favoriser votre sommeil est la lavande officinale (ou lavande vraie). À diffuser dans la chambre avant d'aller dormir grâce à un diffuseur, à masser 2 gouttes sur les poignets ou la plante des pieds, ou à déposer quatre ou cinq gouttes sur l'oreiller, elle vous permet de lutter contre l'anxiété, les troubles du sommeil, et détend les muscles. Cette huile essentielle a des effets du même type que les anxiolytiques, sans les effets secondaires[144].

POUR RÉSUMER : J'AI UNE SOIRÉE QUI VA FINIR TARD, OU BIEN JE DOIS VEILLER OCCASIONNELLEMENT, COMMENT PUIS-JE RÉDUIRE LA FATIGUE ?

Au regard des informations précédentes, voici nos conseils à appliquer au lendemain :

- se lever à l'heure de réveil ordinaire de la semaine (à 1 h 30-2 heures près) ;
- s'exposer à la lumière du jour pour bien calibrer le rythme circadien ;
- faire une ou plusieurs siestes dans la journée pour récupérer ;
- se coucher le soir assez tôt pour garantir une bonne nuit de sommeil.

Résultat : même si le réveil est douloureux, cela conserve l'équilibre circadien et permet de récupérer plus vite et mieux.

Pendant la nuit, en cas d'insomnie

Si vous appliquez certains des conseils précédents, voire tous en même temps, vous devrez normalement passer une nuit de bonne qualité malgré les excès habituels tels que la consommation de café/alcool en soirée ou une heure de coucher tardive due à une soirée festive ou passée devant les écrans. Si par malheur une insomnie pointe le bout de son nez, voici quelques astuces supplémentaires pour se rendormir le plus rapidement possible.

Astuce 1 : Faire attention aux habitudes

Tout d'abord, votre lit est un endroit pour dormir (ou à la limite faire des câlins). Pas pour réfléchir, pas pour stresser, pas pour lutter contre l'éveil, mais pour dormir. Si vous n'arrivez plus à dormir depuis certaines minutes, alors il faut quitter ce lit quelques instants. La position allongée est une position de repos. Le corps conditionne cette position avec le sommeil. Toutefois, si vous persistez à rester dans votre lit alors que vous n'arrivez pas à dormir, ou que vous avez l'habitude de travailler dans votre lit ou d'y lézarder le matin, votre cerveau assimile cette position à ces activités, et non plus au sommeil[84].

En effet, le cerveau modifie son comportement en fonction de nos expériences répétées. Plus vous faites comprendre au cerveau que la position allongée est propice à l'éveil, plus il renforcera les connexions neuronales dans ce sens pour créer des automatisations[145]. Les expériences façonnent le cerveau pour faciliter les habitudes. De ce fait, ne prenez pas l'habitude de cogiter une heure dans le lit en pleine nuit, car à chaque nouveau réveil, le cerveau pense que c'est normal, et entre en réflexion. Pour cela, il libère les hormones qui vous permettent de réfléchir et le cortisol pour rester attentif… En réalité, c'est l'effet inverse que vous recherchez. Lorsque l'insomnie survient, allez prendre l'air quelques minutes, allez dans le canapé et lisez quelques pages.

Toutefois, si vous vous levez pour aller lire ou boire un verre d'eau, essayez de ne pas allumer une lumière blanche et vive qui stimulerait les capteurs visuels pensant qu'il fait jour. Là, votre corps se réveille et vous éloignez encore le sommeil réparateur. Mais si l'insomnie persiste, retenez qu'il est préférable de perdre un peu de temps de sommeil en sortant quelques minutes du lit, pour gagner en qualité par la suite.

Astuce 2 : Encore de l'aromathérapie

Le deuxième conseil est redondant, mais important. Il s'agit de l'utilisation des huiles essentielles. En pleine nuit, vous pouvez de nouveau vous masser les poignets avec deux gouttes de lavande officinale, ou en mettre quatre ou cinq sur votre oreiller. Cela vous aidera à vous endormir de nouveau. Vous pouvez également mettre vos narines au-dessus du flacon et en respirer les effluves sur deux ou trois respirations.

Astuce 3 : Respirer

La respiration a des pouvoirs majeurs sur le corps, comme vous l'avez lu plus tôt. Par votre souffle, vous pouvez passer d'une mise en activité de l'organisme à une mise au repos pour stimuler ou apaiser le rythme cardiaque et l'intensité nerveuse. La façon dont vous respirez en dit long sur votre santé et votre condition physique (ce point sera développé dans « À votre santé »). Ici, nous vous livrons un exercice respiratoire très efficace pour vous endormir, à utiliser lors des phases d'éveil trop longues. Cet exercice est utilisé par les pompiers pour rester calme lors de situations très stressantes :

- **Respiration carrée** : inspirez sur 4 temps – retenez le souffle sur 4 temps – expirez sur 4 temps – retenez les poumons vides sur 4 temps, et recommencez.

Le fait de se concentrer sur les chiffres à compter va canaliser vos pensées (une forme de méditation douce). Cela diminue le rythme cardiaque et la stimulation nerveuse, ce qui vous fait entrer en profonde détente, favorisant ainsi le sommeil. Cinq cycles de carrés suffisent : effet garanti.

Astuce 4 : Utiliser l'auto-hypnose

Voici une autre technique intéressante et très utile. Elle consiste à se visualiser dans un endroit que l'on adore, dans lequel on se sent bien. Déambulez dans ce monde, doucement, comme un personnage dans un jeu vidéo. En même temps que vous avancez dans la scène, essayez de porter votre attention sur les sensations sur votre corps, comme le vent sur votre visage, le sable sous les pieds. Puis vous essayez de vous souvenir du goût de ce que vous mangez, ou alors de l'odeur qui flotte dans l'air. Ceci est une forme de méditation, qui vous permettra de vous évader de votre lit dans lequel vous n'arrivez pas à vous rendormir, pour sombrer plus facilement dans le sommeil. Pour ce faire, il faut être réellement concentré sur ses cinq sens, pour ressentir les goûts, les odeurs, les choses que l'on touche… Comme pour la respiration, le fait de centrer son esprit sur un point et de l'empêcher de vagabonder va vous aider à vous détendre et à entrer dans le sommeil.

BONUS
Comprendre le sommeil à travers la médecine traditionnelle chinoise

Pour terminer ce chapitre sur le sommeil, voici un dernier point qui pourrait se concevoir comme un bonus. Il s'agit de l'horloge biologique définie par la médecine chinoise, selon laquelle chaque organe a son temps d'activité durant lequel l'organisme y envoie de l'énergie. D'après cette théorie, l'énergie fonctionnelle circule dans les organes et stimule leurs fonctions de réparation, de tri et/ou de nettoyage.

Le schéma suivant illustre « la roue des organes[146] » où l'heure de travail optimale de chaque organe est indiquée, c'est-à-dire que l'énergie du corps est fortement concentrée :

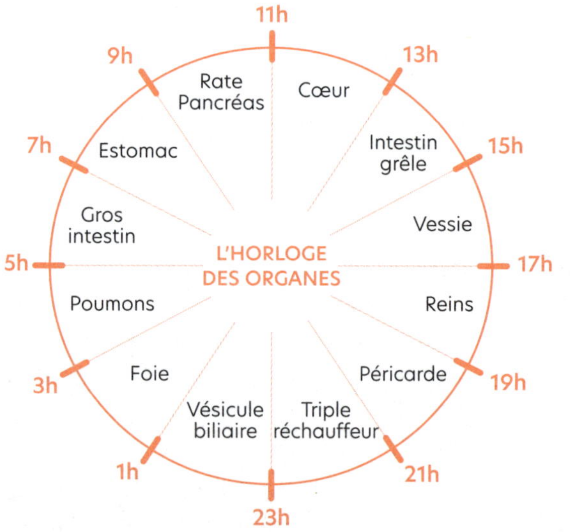

Comprendre puis agir sur les réveils nocturnes

Premièrement, la médecine chinoise nous explique que les réveils nocturnes ou les gênes durant l'une de ces tranches horaires peuvent être expliqués par une problématique liée à l'organe concerné. L'énergie qui était censée s'y concentrer est finalement bloquée ou circule mal. Il y a peut-être un problème physiologique lié à l'organe même à régler.

Deuxièmement, chaque organe est relié à une émotion[5]. Les réveils nocturnes peuvent aussi être liés à des émotions inconscientes, enfouies le jour, mais qui surgissent la nuit. Ce ne serait donc pas un problème concernant l'organe directement, mais plutôt concernant l'émotion qui y est liée, donc un problème psychologique à régler.

Vous pouvez utiliser le tableau suivant si vous vous réveillez souvent, ou de manière récurrente aux mêmes heures, afin de chercher une solution adaptée à vos réveils nocturnes.

HEURE DE L'INSOMNIE	ORGANE DÉFAILLANT	ÉMOTION LIÉE À L'ORGANE	PISTES DE REMÉDIATION
Entre 23 h et 1 h.	Vésicule biliaire : sécrète la bile pour la digestion.	Peur face à la prise de décision, anxiété et angoisse face à un choix. Difficulté d'action sur ce qui entoure.	Éviter les repas trop gras avant d'aller dormir pour ne pas surcharger cet organe. Le foie est saturé, il ne produit pas bien la bile et la vésicule biliaire ne la diffuse pas convenablement dans l'estomac. Voir le chapitre « Gueuleton » pour soulager le foie et le système digestif.

HEURE DE L'INSOMNIE	ORGANE DÉFAILLANT	ÉMOTION LIÉE À L'ORGANE	PISTES DE REMÉDIATION
Entre 1 h et 3 h.	Foie : filtre le sang pour le détoxifier.	Colère, irritabilité et insatisfaction liées aux non-dits. Problème de filtration des situations frustrantes.	Éviter de consommer des aliments qui intoxiquent le corps et surchargent le foie.
Entre 3 h et 5 h.	Poumons : lieu d'échanges entre l'air et le sang. Ils permettent d'oxygéner le corps et d'évacuer le CO_2.	Tristesse et mélancolie. Sensation d'oppression, noyée par le chagrin immédiat.	Améliorer l'équilibre acido-basique. Voir le chapitre « Gueuleton ». Pratiquer des exercices de respiration.
Entre 5 h et 7 h.	Gros intestin : prépare et évacue les déchets de l'organisme. C'est aussi l'habitat principal du microbiote.	Difficulté de digérer puis d'évacuer des événements négatifs passés ou présents. Révèle une peur de manquer, ce qui incite à tout retenir en soi, même ce qui est faux ou toxique.	Améliorer son microbiote intestinal. Aider le corps à digérer en mangeant plus de fibres végétales et en étant suffisamment hydraté.

Pour conclure ce chapitre, il y a toute une somme d'astuces pour équilibrer le rythme circadien et créer l'environnement propice à la mise au repos du corps. Retenez cependant que ce sont des mécanismes physiologiques. Ce processus peut prendre du temps en fonction des personnes. Ce n'est pas parce qu'un soir, vous n'utilisez pas votre téléphone et vous vous couchez bien dans le noir que le corps se calibrera facilement. L'organisme a en mémoire toutes les centaines d'autres nuits passées qui l'ont conditionné. Le changement est souvent rapide, mais pas immédiat.

Enfin, nous ne sommes pas tous égaux en chronobiologie. Pour certains, se coucher à 23 h est beaucoup trop tard, et pour d'autres, trop tôt. L'expert en chronobiologique, Breus[57], a identifié 4 tendances mondiales au fil des expériences scientifiques.

Ces profils chronobiologiques sont nommés :

- les lions : ils s'endorment naturellement entre 20 h et 22 h et se lèvent entre 5 h et 7 h ;
- les ours : ils s'endorment naturellement entre 22 h et 0 h et se lèvent entre 7 h et 9 h ;
- les loups : ils s'endorment naturellement entre 0 h et 2 h et se lèvent entre 9 h et 11 h ;
- les dauphins : ils ont un sommeil très léger, et sont très sujets aux insomnies.

Les ours correspondent à plus de 50 % de la population, ce pour quoi le « rythme social » des horaires scolaires et de bureaux s'est calé sur cette tranche.

Ici, le mot « naturellement » est hypothétique dans le sens où aucune distraction du quotidien ne viendrait empêcher l'endormissement.

Ces différences sont difficiles à modifier, car elles sont dans nos gènes. La sélection naturelle a permis à l'espèce humaine d'avoir toujours des personnes réveillées ou attentives pour protéger la tribu pendant la nuit.

En résumé

SYMPTÔMES	CAUSES	SOLUTIONS
• Difficultés à s'endormir. • Difficultés à se rendormir. • Lever du mauvais pied : réveil difficile, irritabilité, fatigue. • Problèmes de santé : dépression, fatigue, prise de poids, maladies fréquentes.	• Rythme circadien mal réglé. • Mauvaise production d'hormones. • Homéostasie à retrouver (temps d'éveil trop long).	• S'exposer à la lumière du jour et se connecter à la terre. • Dormir dans le noir complet. • Faire du sport le matin. • Se coucher avant minuit et se lever à heure régulière. • Prioriser le calme en soirée. • Utiliser l'huile essentielle de lavande officinale.

Morning routine

1. Ouvrir les volets ou sa porte et s'exposer directement à la lumière du jour et à la température extérieure.
2. Utiliser un simulateur d'aube pour créer les conditions d'un réveil naturel, et non une sonnerie source de stress spontané.
3. Faire quelques exercices, d'étirement ou de musculation, pour faire comprendre au corps qu'il est temps de se mettre en action.
4. Boire un grand verre d'eau avant de consommer quoi que ce soit d'autre, pour hydrater le corps après une longue nuit.
5. Finir sa douche avec de l'eau froide (effet réveil garanti).

Night routine

1. Utiliser des ampoules à lumière chaude et créer une pénombre (lampe à sel, bougie...).
2. Réduire au maximum les écrans une bonne heure avant de dormir. Au minimum, appliquer les filtres de lumière bleue présents dans les paramètres de l'appareil. Discuter, lire un livre ou raconter une histoire à ses enfants.
3. Ne pénétrer dans sa chambre que pour dormir.
4. Une petite goutte de lavande officinale.
5. Respirer tranquillement en fermant les yeux.

À VOTRE SANTÉ

UNE IMMUNITÉ QUI PERMET D'ACCUEILLIR LES EXCÈS

Les neuf dixièmes de notre bonheur
reposent sur la santé.
Avec elle, tout devient source de plaisir

SCHOPENHAUER

La santé dépend plus des précautions
que des médecins

BOSSUET

Le B.A.BA

Chaque jour, nous luttons contre des bactéries, des virus, des champignons... sans que nous le sachions. Il arrive que certains triomphent et nous affaiblissent plusieurs jours, voire pire. Cette partie vise à renforcer les capacités de défense de l'organisme pour augmenter sa « vitalité », réduire les risques de tomber malade et améliorer la guérison. Bien sûr, ce qui se trouve dans ces pages ne doit pas aller à l'encontre de l'avis d'un médecin, ou vous faire arrêter un traitement médical, sans l'autorisation d'un spécialiste.

Les solutions présentées seront utiles pour renforcer le système immunitaire et réduire l'utilisation des médicaments auto-administrés, afin de laisser le pouvoir de guérison de l'organisme agir sans venir l'entraver.

En cas d'apparition de symptômes des maladies virales et bactériennes, notamment celles de l'hiver, il sera expliqué comment aider le corps à lutter plus efficacement en ayant le moins recours à l'auto-médicamentation. En revanche, en cas de doute, il faut impérativement consulter un professionnel de santé.

Un chapitre particulier

Ce chapitre fait figure d'exception, car si « boire de l'alcool », « manger copieusement » et « peu dormir » peuvent être synonymes de bon vivant, ce n'est pas le cas de « tomber malade ». Vous ne trouverez pas de solutions pour profiter de la vie tout en attrapant des maladies. Mais cette partie n'en est pas moins importante, car les données sont transversales aux trois autres thématiques. Elle aurait d'ailleurs pu être placée en première partie de livre.

Vous trouverez des explications, des remèdes vous permettant d'être en pleine forme physique en tout temps, été comme hiver. Toutes ces astuces peuvent être utilisées en supplément de celles de chacun des premiers chapitres, pour permettre à l'organisme de rester en bonne santé en toutes circonstances. Malgré les consommations excessives ou la fatigue, cette partie vous donne les moyens d'éviter de tomber malade à court terme et de subir les problèmes qui apparaissent au fil du temps.

Parce qu'être bon vivant, c'est avant tout être vivant et en pleine possession de ses moyens. Vous trouverez des conseils afin de pouvoir profiter de la vie et assumer les quelques excès du quotidien !

Comprendre pourquoi nous tombons malade

Le froid nous rend-il malades ?

L'hiver, l'idée que le froid est responsable des infections virales ou bactériennes est très répandue. De ce fait, nous restons davantage enfermés à l'intérieur, nous montons le chauffage, et si nous sortons, nous aurons tendance à beaucoup nous couvrir. Nous éviterons de sortir les cheveux mouillés ou pieds nus, car « nous allons attraper froid ».

« Quand j'ai froid, j'ai le nez qui coule et mal à la tête… C'est bien le froid qui m'affaiblit ? »

Une maladie provient d'une agression liée aux virus, bactéries, champignons ou parasites, et non du froid. **Les éléments pathogènes se baladent dans l'air, et ne font pas la différence entre une personne habillée chaudement ou non pour aller la contaminer.** Le froid demande de l'énergie à l'organisme qui doit maintenir la température interne à environ 37 °C, et cela le fatigue. Pour mieux humidifier et réchauffer l'air froid, un mucus est sécrété par le nez « qui coule ».

LE MUCUS[42]

Que ce soit dans le nez, dans la bouche, les poumons, l'estomac, le vagin… l'organisme sécrète un biofilm, une substance qui protège et lubrifie les muqueuses. Ces dernières tapissent les cavités corporelles qui sont en prolongement avec la peau. Globalement composés d'eau, de protéines et d'enzymes, ces mucus permettent par exemple de lubrifier et faciliter l'avancée des aliments de la bouche vers le rectum, de protéger les muqueuses

de l'estomac de la forte acidité gastrique, d'humidifier et protéger les voies aériennes du nez, des bronches jusqu'aux alvéoles pulmonaires en permettant de retenir les poussières et de les évacuer...
Environ deux litres de mucus nasal sont fabriqués par jour. En cas d'allergie, d'infection ou d'irritation, la production est augmentée, comme c'est le cas en hiver.
Ces substances protectrices ont plusieurs ennemis : l'alcool, la cigarette ou la pollution atmosphérique...

L'exposition au froid est énergivore, mais n'est pas reliée à l'ingestion potentielle de pathogènes.

VIRUS ET BACTÉRIES

Les virus sont des agents infectieux qui envahissent les cellules du corps et les utilisent pour se multiplier. Ce processus endommage ou détruit les cellules infectées par le virus.
Lorsqu'un virus est entré dans l'organisme, une maladie virale est contractée, contagieuse. Certains virus se transmettent par la respiration (les virus courants de l'hiver), mais d'autres peuvent se transmettre par le sang (comme le VIH).
Les maladies respiratoires virales sont entre autres la grippe, la gastro-entérite, la rhinopharyngite. Les symptômes les plus courants sont le nez qui coule, la toux, la fièvre et les courbatures.
Les bactéries sont des organismes vivants capables de se multiplier rapidement. Une infection bactérienne se traduit par de la fièvre et des douleurs au niveau de la zone concernée, comme l'angine ou l'otite. Certaines infections bactériennes se soignent en général seules, l'organisme

n'a pas nécessairement besoin de médicaments pour lutter. Les infections plus graves peuvent nécessiter la prise d'antibiotiques.
Quoi qu'il en soit, il est important de retenir qu'un virus ou une bactérie doit déjà réussir à pénétrer dans le corps. Lorsque le système immunitaire entre en action pour défendre un organisme agressé, il est possible de sentir ses ganglions lymphatiques (boules derrière la mâchoire, de part et d'autre de la gorge) sensibles et gonflés.
Pour rappel, des virus et des bactéries, il en existe énormément qui ne nous font aucun mal, voire qui nous sont bénéfiques, comme nous l'avons vu pour le microbiote dans le chapitre « Gueuleton ».

« Mais, en hiver, on est plus malade ? »

Oui, dans l'hémisphère nord, c'est durant la saison hivernale qu'il y a une augmentation notable des maladies infectieuses[147].

D'une part, la vitamine D est essentielle au système immunitaire. Donc la présence moindre de lumière solaire en hiver réduit la protection du corps et augmente d'ailleurs la force des éléments pathogènes. Ce n'est donc pas lié au froid, mais au manque de lumière solaire. Il est d'autant plus important de sortir pour synthétiser un peu de vitamine D.

D'autre part, en hiver l'air est beaucoup plus sec qu'en été. Ces conditions sont plus propices à la survie des virus, donc il est probable d'en croiser plus facilement, car l'humidité et la chaleur de l'été les maintiennent plaqués au sol. Ajoutez à cela le fait que les gens se retrouvent plus souvent dans des espaces clos et peu ventilés, car il fait froid dehors, les virus se propagent alors facilement d'une personne à l'autre. En effet, durant l'hiver, nous sommes tous entassés à l'intérieur, dans des bâtiments bien isolés, laissant stagner dans l'air et sur les tables beaucoup d'éléments pathogènes, qui finissent par être inhalés ou amenés à la bouche.

Pour rappel, la Covid étant un virus, le gouvernement conseillait d'appliquer des gestes barrières, et non de se sécher les cheveux ou d'éviter d'aller dans le froid pour ne pas tomber malade.

En plus du fait que le froid n'est pas le vecteur direct d'infection, vous verrez plus tard qu'il permet même de renforcer le système immunitaire, en s'y exposant intelligemment.

Système immunitaire et système de défense du corps

L'organisme humain est préparé pour se défendre et se protéger. On a toute une armée postée sur les frontières de l'organisme. La peau est la couche de protection extérieure (l'écorce), et les muqueuses sont les couches internes de protection dans le nez, la bouche, l'intestin, le vagin, l'anus…. Ces couches créent une frontière avec le monde extérieur et sont prêtes à réagir à la moindre agression.

Par exemple, le système digestif doit subtilement analyser ce qui arrive pour laisser passer ce dont on a besoin pour vivre et bloquer puis détruire les éléments pathogènes, ou ce qui est dangereux pour l'organisme.

La métaphore de l'armée est loin d'être exagérée, à chaque poste, des sentinelles qui font le guet, des messagers permettent d'alerter rapidement et des soldats spécialisés répondent à toutes les formes d'agression, avec des formations et des tactiques de combat travaillées en amont pour gagner.

Le corps cherche en permanence à conserver son équilibre (homéostasie). Lorsqu'un déséquilibre apparaît ou que le corps est agressé, une réponse coordonnée et complexe est déclenchée pour revenir au plus vite à l'équilibre : l'inflammation.

Le processus inflammatoire comprend une dilatation des vaisseaux sanguins et un œdème (gonflement) par sécrétion de mucus pour ramener plus de globules blancs sur la zone afin de détruire l'agent pathogène.

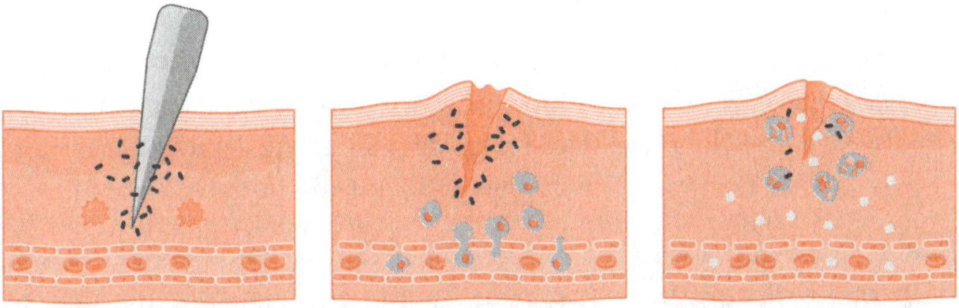

BLESSURE
Un corps étranger pénètre dans l'organisme et y dépose des éléments pathogènes.

INFLAMMATION
Gonflement et réchauffement de la zone dû à l'affluence du plasma sanguin pour y amener les cellules immunitaires.

FIN DE L'INFLAMMATION
Les cellules immunitaires ont détruit les éléments pathogènes puis les ont évacués, la zone dégonfle ensuite.

D'autres molécules viennent nettoyer et réparer les dégâts, puis les déchets sont évacués vers les émonctoires (selles, urine, transpiration…). La majorité des agressions sont anodines pour nous, car le corps y répond efficacement. Le souci, c'est lorsque l'agression est forte, qu'elle récidive au même endroit, ou qu'il y a de multiples petites agressions à plusieurs endroits, c'est alors que le système immunitaire est en difficulté.

L'immunité : un don de l'évolution

Comment tous nos ancêtres ont-ils réussi à survivre sans paracétamol lorsqu'ils tombaient malades ? Comment faisaient-ils pour survivre à une intoxication sans antispasmodiques et antidiarrhéiques ?

Le système immunitaire a une capacité d'adaptation : ceux qui pouvaient survivre étaient ceux qui parvenaient à résoudre l'agression tout en protégeant l'organisme. Ces capacités issues de l'évolution de millions d'années ont été transmises dans nos gênes. Aujourd'hui, nous avons tendance à ne pas laisser cette capacité s'exprimer et nous la remplaçons très rapidement par des comprimés.

Les réponses du système immunitaire (la fièvre, la diarrhée, le vomissement) sont pourtant formidables. Vouloir faire taire une fièvre ou une diarrhée, c'est s'opposer aux processus de défense du corps, qui ciblent la cause du problème. Le problème, ce n'est pas la diarrhée, c'est plutôt les bactéries pathogènes qui s'installent dans l'intestin.

Bien que désagréables, ces réponses permettent au corps d'évacuer plus rapidement ces agents pathogènes. Les nausées permettent d'éviter d'ingérer un aliment, qui pourrait être la cause de l'infection, et de donner au système digestif le temps de lutter. La fièvre est un processus inflammatoire nécessaire pour tuer les agents pathogènes entrés dans le corps.

En effet, c'est lorsque les symptômes durent plus d'une semaine et que le corps continue de s'affaiblir qu'il est nécessaire de s'inquiéter et de contacter un médecin. Nous avons la chance d'avoir des médicaments et une médecine très développée pour intervenir lorsque ces infections s'emballent et risquent de nous tuer.

Pour saisir l'impact de ce comportement sur le système immunitaire, imaginez un jeune enfant peinant à attraper un objet convoité trop haut pour lui. On peut soit attraper l'objet pour lui, soit le laisser se débrouiller avec ses compétences (comme prendre une chaise et monter dessus).

Si on attrape l'objet pour lui sans qu'il ne fournisse le moindre effort, cela revient à prendre un médicament sans laisser le temps à son organisme de se défendre. L'enfant va vite apprendre à ne plus bouger pour avoir ce qu'il veut, mais devient dépendant d'une aide extérieure. Pour notre corps, le système immunitaire le devient également et se dérègle. À la fin, l'enfant n'arrivera jamais à avoir l'objet par ses propres moyens, qu'il n'a pas pu développer. D'ailleurs, en prenant trop souvent des médicaments, l'organisme apprend à le métaboliser, ce qui réduit son temps et/ou son intensité d'effet. À force d'attraper l'objet pour l'enfant, la personne qui l'aide finit même par se fatiguer de ces allers-retours et n'a plus la force ou l'envie de le faire. Une dépendance extérieure n'est jamais durable. Donc en privilégiant constamment et immédiatement la médication, d'un côté l'organisme ne développe pas sa capacité de guérison, et de l'autre, les médicaments baissent en efficacité.

Si on le laisse se débrouiller avec ses compétences, cela revient à laisser le processus d'autoguérison se mettre en place tout en l'accompagnant par des astuces naturelles. L'enfant va apprendre à faire une action, pour laquelle son organisme est adapté, et les encouragements l'aideront à apprendre plus vite. Pour notre corps, le système de guérison est inné et se perfectionne par l'expérience. Des astuces naturelles peuvent l'encourager afin qu'il s'améliore.

Pour finir, négliger son hygiène de vie, notamment lorsqu'on est malade, revient à prendre l'objet et à le mettre encore plus haut pour l'enfant déjà en difficulté. Pour notre corps, manger gras durant une gastro ou peu dormir lors d'une grippe contribue à l'empêcher de réguler le problème.

L'immunité : un don qui se perfectionne

Le contact régulier depuis l'enfance du système immunitaire avec les bactéries et autres micro-organismes lui a permis de s'entraîner et d'améliorer sa défense. Tout aseptiser en permanence (les mains, le sol…) pourrait finalement le rendre plus sensible aux agressions, et ne l'aiderait pas à s'améliorer. L'idée n'est pas non plus de ne jamais se laver les mains, mais en désinfectant tout, le système immunitaire ne s'adapte pas et les bactéries et virus qui sont bénéfiques à l'organisme sont également tués. Et la santé du microbiote soutient notamment le système immunitaire de façon non négligeable : tout est dans la raison et la mesure.

Espérance de vie et évolution

En 300 ans, l'espérance de vie s'est multipliée par 3. La médecine a grandement contribué à cette amélioration. L'être humain a également su anticiper les événements désastreux et nourrir la majorité des populations (dans la société occidentale). Nous comprenons que cela pose un doute sur la viabilité des conseils apportés si nos ancêtres vivaient moins longtemps, avec des dents en mauvais état et un corps rachitique : c'est vrai, pourtant, c'est faux.

Cette affirmation est vraie, si l'on regarde l'évolution de l'Homme depuis le Néolithique, c'est-à-dire lorsqu'il s'est sédentarisé en apprenant à cultiver des familles végétales et à élever des animaux sauvages. Dès lors, les maladies ont augmenté. En effet, la faible diversité alimentaire, composée notamment de céréales, a davantage abîmé les dents et créé des carences. La proximité avec les animaux, les autres humains et les déchets organiques ont augmenté considérablement la propagation de maladies. Enfin, les corps se sont abîmés plus rapidement, du fait d'un travail quotidien comprenant beaucoup de mouvements identiques, répétés, dans des postures pour lesquelles la biologie humaine n'était pas adaptée[17]. L'Homme est profilé pour courir, grimper et moins pour bêcher, pousser et tirer comme les chevaux de trait, par exemple. Dès lors, l'Homme a gagné plus de sécurité, cependant son espérance de vie et sa vitalité n'étaient pas nécessairement meilleures.
À l'inverse, cette pensée d'un ancêtre en moins bonne santé est fausse, si l'on se réfère au mode de vie des chasseurs-cueilleurs du paléolithique qui ont adapté notre organisme sur des centaines de milliers d'années. Les tribus qui continuent de vivre selon ce mode de vie prouvent que l'organisme humain est fait pour cela. Sans aucune chirurgie, sans salle de musculation ou encore sans orthodontistes, les populations « primitives » actuelles affichent des dents parfaitement alignées et saines, une posture droite et un corps harmonieusement musclé[148]. Si l'on écarte les risques de mortalité infantile plus élevés du fait de l'absence de médecine actuelle, nos ancêtres du paléolithique (il y a plus de 10 000 ans) pouvaient dépasser les 70 ans, voire 100 ans, en pleine forme, comme en témoignent les tribus primitives encore actuelles et les écrits historiques. C'est l'arrivée de la sédentarité et du mode de vie agraire qui a bousculé l'hygiène de vie.

Gardez à l'esprit que vous êtes le descendant, du descendant, du descendant… de quelqu'un qui a survécu. Tous ceux dont les mutations et adaptations n'étaient pas parfaitement profilées pour le milieu naturel n'ont pas survécu. Finalement, tous les vivants actuels ont un organisme adapté au milieu sauvage, profilé et affûté depuis des millions d'années. Il va falloir attendre encore plusieurs milliers d'années avant d'avoir des descendants adaptés au mode de vie urbain. Loin de nous l'idée d'être régressistes ou nostalgiques. Le progrès technologique fait que nous en sommes là, dans ce monde moderne, adoptant certains comportements pour lesquels nos cellules ne sont pas encore ajustées. Pour continuer de profiter de la vie, vous découvrirez les principes fondamentaux d'une vitalité de l'organisme humain.

La médication

> En médecine, la mode change aussi souvent qu'en haute couture.
> Le médicament miracle d'aujourd'hui sera le poison mortel de demain
>
> **GROUCHO MARX**

La médication fait partie des outils qui permettent d'améliorer l'espérance de vie et le confort au quotidien. Il est toutefois important de savoir que cela n'a pas que des aspects bénéfiques, notamment en cas de fréquente utilisation ou de surdosage, et surtout s'ils sont pris de manière autonome et sans avis médical. En dehors d'une prescription médicale, il est préférable d'améliorer son hygiène de vie par des pratiques préventives.

Mal à la tête ? Paracétamol. Gueule de bois ? Paracétamol. Problème musculaire ? Anti-inflammatoires. Certaines personnes ne sont même pas malades, mais prennent le cachet en prévision de futurs symptômes. En effet, il est facile de succomber face à la diversité des produits, sans parler de leur publicité permanente séduisante, pour enfin arriver à dormir, réduire les maux de ventre, de gorge, être plus efficace au travail… sans rien faire. Mais de façon durable, il peut y avoir des dangers.

Par exemple, l'antidouleur ne guérit pas, il coupe le signal de douleur. Le corps est toujours en train de se battre et de se réparer. Le piège de l'antidouleur (sauf en cas d'urgence et prescrit par un professionnel de santé) est de recommencer à adopter un comportement qui n'aide pas le corps à guérir. Lors d'un mal de ventre, si la douleur est artificiellement coupée, l'individu va recommencer à manger comme avant, alors que l'estomac est encore inflammé et nécessite du repos pour guérir. Finalement, prendre trop de médicaments peut déconnecter des sensations et aveugler ou perturber la conduite saine à tenir. Imaginez-vous dans une voiture, un bruit sonne : défaut des freins. Ce bruit vous ennuie, donc vous montez le volume de la radio pour ne plus l'entendre et vous mettez un bout de scotch sur le tableau de bord pour cacher le voyant. C'est efficace, car vous n'êtes plus gêné. En revanche, vous ne faites plus attention à votre voiture, et la panne ou l'accident devient beaucoup plus probable.

LA DOULEUR EST-ELLE UNIVERSELLE ET ÉGALE ?

Chaque être humain ressent-il la même chose ? De multiples expériences révèlent que la douleur est d'abord subjective et personnelle[149], et surtout évolutive. La douleur est une information que le cerveau interprète. Deux individus ne ressentiront pas la même douleur pour un même acte, et le même individu le ressentira différemment à des temps et environnements différents.

La douleur est un ressenti alors que son expression est une communication. La grimace, le cri, le pleur est une communication qui a permis à nos ancêtres d'apprendre

ensemble (en voyant l'autre se brûler et crier, on va éviter de faire la même chose) et de susciter de l'aide (une personne qui pleure donne envie de l'aider).
La douleur et notamment son expression sont donc aussi culturelles. Les Occidentaux, notamment de culture latine, ont tendance à pleurer, crier, et exprimer leur douleur alors que les Asiatiques, ayant une culture beaucoup plus prude et intimiste, n'expriment quasiment pas leur souffrance[150]. L'éducation et le contexte impactent aussi le ressenti. Cela révèle que la notion de douleur et de souffrance évolue, et peut évoluer. À mesure des expériences, les ressentis de la souffrance seront différents. Plus on fait taire la douleur ou plus on l'éloigne par le confort, plus elle apparaît lors d'un souci encore plus faible. Ressentir la douleur, c'est aussi se connecter aux messages du corps et appréhender le monde différemment.

La médication peut comporter des effets iatrogènes, c'est-à-dire des effets indésirables. En essayant de guérir, le traitement peut induire une perte de qualité de vie et avoir des conséquences sur la santé. Déjà en 2018, l'association Bon Usage du Médicament présentait au ministère des Solidarités et de la Santé un constat inquiétant sur l'usage autonome du médicament en France. L'association recense environ 130 000 hospitalisations avec plus 10 000 décès (3 fois plus que les accidents de la route), à la suite d'effets iatrogènes par une consommation inadaptée de médicaments. De plus, entre 45 % et 70 % des cas étaient évitables. Prendre occasionnellement 500 mg de paracétamol n'expose pas à un risque de toxicité hépatique. En revanche, une consommation excessive ou chronique peut grandement endommager le foie de façon significative[35].

En effet, les médicaments sont l'une des principales sources de toxicité du foie. Une pilule est un xénobiotique au même titre que l'alcool.

Comme la molécule d'éthanol, le foie la dégrade en deux phases. Lors de la première phase, le médicament agit et n'est pas forcément agressif pour l'organisme. À la fin de cette phase, le médicament n'agit plus, mais peut être très agressif pour le corps, en attendant son élimination à la fin de la deuxième phase, comme c'est le cas pour le paracétamol[35]. Au même titre que l'alcool, la première phase de la détoxification est inductive, le foie dégrade la molécule plus rapidement, raccourcissant son temps d'action (principe d'accoutumance). À l'inverse, la deuxième phase ne l'est pas, ce qui amène à avoir moins d'effets désirés du médicament, et plus de potentielle toxicité.

De plus, l'association de xénobiotiques crée une synergie dangereuse, amplifiant la toxicité pour le foie, comme le paracétamol associé à l'alcool.

Enfin, la toxicité médicamenteuse est accentuée lorsque le statut nutritionnel d'un individu est altéré. La carence en nutriments protecteurs du foie et/ou l'excès de stress oxydatif généré par une alimentation déséquilibrée pénalisent les fonctions hépatiques. S'ensuit alors un véritable cercle vicieux, car généralement, ce sont les personnes souvent anxieuses et/ou avec une mauvaise hygiène de vie qui sont les plus malades et prennent ainsi plus de médicaments, qui font mauvais ménage[35]. Afin de protéger le foie et de limiter le stress oxydatif lors de la prise d'un traitement médicamenteux, il est intéressant de retourner voir les connaissances dans le chapitre « Gueule de bois ».

Parmi les traitements, il existe aussi les antibiotiques. Ce sont des médicaments qui agissent pour tuer ou empêcher le développement de bactéries. Ils sont donc totalement inutiles pour traiter les virus. En s'attaquant aux bactéries pathogènes, ils peuvent aussi dégrader les bactéries bénéfiques à la santé. Il faut donc limiter la prise d'antibiotiques et les prendre uniquement sur avis médical.

Pour conclure cette partie, nous ne souhaitons pas incriminer l'industrie pharmaceutique et décrédibiliser les médicaments, car ils sauvent et soulagent beaucoup de vies. Cependant, il ne faut pas tomber dans le piège, car la médecine soigne avant tout les pathologies et soulage les souffrances. Pour éviter de surcharger les hôpitaux et réduire les effets iatrogènes, il est plus intéressant de limiter l'apparition de ces pathologies et ces souffrances avec des astuces qui ne vont pas non plus à l'encontre du mode de vie moderne.

Les maladies de civilisation

Au-delà des maladies infectieuses, il y a bon nombre de maladies non transmissibles qui sont présentes dans la société occidentale comme les cancers, maladies neuro-évolutives (sclérose en plaques, maladie d'Alzheimer...), le diabète, l'ostéoporose...

On appelle cela des maladies de civilisation, car une grande partie de ces pathologies sont apparues et se sont décuplées à partir de la sédentarisation de notre espèce (néolithique).

Selon le Centre international de recherche contre le cancer, environ 41 % des cancers sont directement imputables à notre mode de vie en France. L'Organisation mondiale de la santé considère qu'un tiers des décès par cancer sont dus aux 5 principaux facteurs de risque : tabagisme, malbouffe, alcool, surpoids, sédentarité. Toutes les maladies de civilisation augmentent malgré l'amélioration des soins. D'un côté, la médecine s'améliore, de l'autre, l'hygiène de vie se détériore.

Ce livre n'a pas vocation à traiter spécifiquement les maladies de civilisation. Cependant, tout au long de ce livre, les explications et les conseils agissent bénéfiquement sur la santé en général en réduisant les facteurs de risques créateurs ou déclencheurs de ces pathologies.

Améliorer son capital santé

Avant, pour prévenir d'une maladie

Afin d'avoir une bonne vitalité et de réduire les déséquilibres inflammatoires et les infections virales et bactériennes, il est nécessaire de connaître les besoins de l'organisme. Cela fait émerger plusieurs astuces à incorporer facilement dans son quotidien. En effet, vous allez découvrir les piliers de la bonne santé pour prévenir les maladies, améliorer l'efficacité du système immunitaire et améliorer l'homéostasie cellulaire.

Les piliers de la santé font partie intégrante des recommandations médicales. Ils sont les axes prioritaires de la médecine intégrative et sont communs au mode de vie de nos ancêtres chasseurs-cueilleurs ainsi qu'aux tribus primitives en pleine santé actuelles.

Ces piliers sont :
- une alimentation adaptée à nos besoins ;
- une utilisation permanente du corps ;
- une exposition constante à l'environnement naturel ;
- un ratio stress/calme équilibré.

Voici les différentes astuces à essayer de mettre en œuvre au quotidien.

Astuce 1 : Une cuisine fortifiante

> Toute maladie commence dans l'intestin
>
> **HIPPOCRATE**

Vous l'ignorez peut-être, mais vos placards peuvent receler d'ingrédients dont les pouvoirs s'utilisent pour prévenir ou guérir plus efficacement. Faisons ensemble un petit tour dans votre cuisine.

Dans la zone à épices, vous pouvez trouver :

- **Du curcuma** : servez-vous-en pour épicer vos plats. C'est un puissant anti-inflammatoire, qui permet de faire face aux douleurs musculaires et articulaires. Consommez-le associé à du poivre noir pour que l'assimilation par l'organisme soit complète.
- **De la cannelle** : antioxydant très puissant, elle permet également de diminuer le taux de glucose sanguin. La médecine se sert d'ailleurs de ses propriétés pour lutter contre le diabète de type 2. C'est enfin un puissant anti-inflammatoire, au même titre que le curcuma.

Dans les condiments maintenant, peut-être avez-vous :

- **Du gingembre** (qui peut également être dans votre placard à épices sous sa forme moulue) : il soulage les nausées, les ballonnements, les rhumes et les maux de tête…
- **De l'oignon** : riche en vitamines A et C, antibactérien, antiviral et antifongique, il permet de guérir plus rapidement les maladies respiratoires telles que le rhume. Il permet également de détoxifier l'organisme et de réduire les inflammations.
- **De l'ail** : avec plus de 2000 composants actifs, dont certains très intéressants pour la santé (comme l'allicine), cela en fait un fameux aliment protecteur, notamment immunomodulateur[35]. Avec ses propriétés antibactériennes, il soutient le système cardiovasculaire et immunitaire et lutte contre les maladies de l'hiver (il augmenterait le taux de globules blancs et diminuerait de 21 % la durée des symptômes[151]). Durant cette période, vous pouvez consommer deux gousses par jour pour fortifier votre système immunitaire[152].

Dans votre placard à dessert, caché juste à côté de la pâte à tartiner (qui ne fait malheureusement pas partie de la liste), vous trouverez :

- **Du miel** : bien qu'il faille faire attention à un apport trop important de glucides, ses effets antiseptiques et antibactériens aident à calmer les inflammations, notamment au niveau de la gorge si celle-ci vous fait souffrir. Grâce aux antioxydants qu'il contient, consommer du miel régulièrement vous permet d'optimiser votre système immunitaire, de créer des anticorps, et de prévenir des maladies cardiaques. Si l'on passe dans une autre catégorie de maladie, le miel améliore le transit intestinal grâce aux enzymes qu'il contient. Privilégiez un miel non pasteurisé, c'est-à-dire un miel non chauffé qui a conservé tous ses enzymes. Il faut généralement chercher des apiculteurs sur les marchés, les épiceries bio ou les boutiques spécialisées.

- **Du thé vert** : avec ses propriétés antibactériennes et antivirales, il stimule le système immunitaire et permet d'accroître le nombre de globules blancs[153]. De plus, il facilite le nettoyage des toxines accumulées et participe à lutter contre les inflammations et l'oxydation cellulaire grâce aux polyphénols qu'il contient, aux propriétés antioxydantes[154]. En hiver, vous pouvez en boire plusieurs tasses par jour. Les scientifiques ont montré que les consommateurs de thé vert avaient une espérance de vie plus longue et étaient moins la cible de certains cancers[155]. Nous vous conseillons de privilégier du thé de qualité pour éviter qu'ils ne soient surchargés de pesticides, nuisant à ses bienfaits.

Même si cette liste, non exhaustive, apporte certains aliments facilement utilisables au quotidien et concentrés en principes actifs intéressants, il n'y a pas « d'ingrédient magique ». Ce sont des ingrédients « coup de pouce », qu'il ne faut pas non plus consommer à l'excès. Ce qu'il faut retenir, c'est que ce sont les carences qui facilitent les problématiques de santé, comme le vieillissement cellulaire[156], propice aux déséquilibres métaboliques, voire aux cancers. Les carences en nutriments facilitent le stress oxydatif, activent le système inflammatoire, affaiblit le système immunitaire et rend plus sensible à la douleur. Il est primordial d'avoir une alimentation complète et riche en nutriments, et non en calories.

COMPLÉMENTS ALIMENTAIRES… ÉLÉMENTAIRES ?

Effectivement, l'alimentation de masse permettant de nourrir le monde entier a aussi comme conséquence d'appauvrir les aliments en nutriments. En cas d'alimentation industrielle, peu variée, et moins végétalisée, il est très fréquent que des carences apparaissent.

Les compléments alimentaires semblent utiles, pour éviter de réfléchir longtemps à la constitution de ses plats. Seulement, nous déconseillons un usage permanent en dehors de recommandations médicales car au même titre que les médicaments, le surdosage peut être tout aussi dangereux que les carences. C'est le cas du fer par exemple, essentiel pour l'organisme, mais qui, en trop grande quantité (qui ne sera atteinte qu'en cas de supplémentation), l'altère et augmente les risques de maladie.

De plus, les compléments alimentaires semblent être moins suivis et contrôlés que les médicaments. Une partie des produits en vente libre peuvent être d'une piètre qualité.

Enfin, sur le plan éthique et évolutionniste, il est dommage d'utiliser des produits de synthèse lorsqu'une alimentation diversifiée, végétale et gourmande apporte tous les nutriments nécessaires, avec du plaisir, et à moindre coût. Surtout, la logique de complémentation synthétique révèle un échec de l'éducation à la nature et à l'alimentation saine de notre société[157]. En suivant les conseils des chapitres « Gueuleton » et « Sommeil de plomb », vous aurez plus de chance de ne pas en avoir besoin.

Pour conclure, il est intéressant de suivre toutes les astuces proposées dans le chapitre « Gueuleton », car en plus de traiter les symptômes post-repas, elles peuvent contribuer à votre santé et votre vitalité.

Astuce 2 : « Born to run[158] », ou du moins né pour bouger

Il est fortement prouvé maintenant que l'activité physique est bénéfique pour la santé. Bouger régulièrement au quotidien baisse les risques de mortalité d'environ 40 %, toutes causes confondues[159]. Le mouvement est inscrit tant dans nos gênes qu'en réalité : ***on n'arrête pas de bouger parce qu'on vieillit, on vieillit parce qu'on arrête de bouger.***

Plus qu'afficher des statistiques froides, nous allons nous plonger dans l'univers de l'évolution et des gènes, pour comprendre la dimension exceptionnelle du mouvement.

L'Homme est un fabuleux prototype. Aucun animal ne détient un tel potentiel physique et physiologique. L'être humain peut nager, courir, marcher, trottiner, lancer, ramper, grimper, sauter, rouler, avancer en quadrupédie… Le chat, que l'on considère comme un véritable acrobate de la nature et chasseur né, peut grimper, sauter, courir, marcher, ramper, mais pas lancer, ni nager (et n'en a pas besoin). Un cheval peut marcher, courir, trotter, sauter, mais ne pourra jamais grimper (et n'en a pas besoin). Si l'Homme a de telles capacités, c'est qu'elles lui sont utiles : pour survivre depuis tout temps, et cela est encore aujourd'hui ancré dans son ADN. Il suffit de regarder le chat domestique, qui n'a plus besoin de chasser, et donc normalement n'a plus besoin de courir ni de griffer. Pourtant, il continue de jouer, de simuler des scénarii qu'il ne vivra sûrement jamais, mais qui sont inscrits dans son ADN, et dont son corps est demandeur pour continuer d'être en bonne santé. La prochaine fois que vous passez devant une école primaire durant la récréation, prenez le temps d'observer ce que tous les enfants font spontanément : ils courent, ils se poursuivent, ils grimpent…

Au niveau physiologique, l'être humain est fait pour courir. C'est d'ailleurs une des particularités qui a fait de l'hominidé une espèce à part des primates. Le mode de vie ne consistait plus à cueillir avec une majorité de grimpe, mais la bipédie a permis de couvrir beaucoup plus d'espace de cueillette et de chasse pour diversifier l'alimentation, pour mieux transporter la nourriture, pour développer des outils diversifiant les façons de manger et de vivre. La chasse à l'épuisement a d'ailleurs fait partie des armes d'Homo sapiens, permettant de traquer un animal jusqu'à ce qu'il s'écroule de fatigue. Oui, l'homme court moins vite qu'un animal quadrupède, mais son système de transpiration permettant de réguler la chaleur, sa cage thoracique au mouvement libre permettant d'être essoufflé moins vite, son système cardiovasculaire et musculaire, ont favorisé son endurance.

Rassurez-vous : pas besoin de faire de l'ultra-trail pour être en bonne santé. Il suffit de comprendre cet appel du corps, qu'il est normal d'utiliser, et que le principe d'hormèse va continuer d'améliorer. Plus nous marchons, plus nous marcherons. Plus nous montons des escaliers, plus ce sera facile. Plus nous nous baissons en flexion pour faire nos lacets, plus nous prendrons plaisir à ne pas « subir » ce corps. Ici, nous ne parlons même pas de sport, mais d'activité physique. La salle de sport et les clubs sportifs ne sont pas les seuls moyens de rester en bonne santé. Le souci lorsqu'on aborde la santé par le sport ou l'activité physique, c'est qu'il est vite facile de se représenter une séance douloureuse ou répétitive et ennuyeuse… ce qui nous dissuade souvent de tenter l'expérience et de persévérer.

Les activités de résistance musculaire ont d'énormes vertus. Cependant, rester assis 7 heures d'affilée au travail puis réaliser 1 heure de musculation n'est peut-être pas la meilleure stratégie pour tous. Il peut être préférable d'intégrer du mouvement tout au long de la journée. Cela commence par de la mobilité le matin, aller travailler en transports en commun ou à vélo si on le peut, se lever fréquemment plutôt qu'envoyer un mail au collègue de l'étage en dessous, prendre les escaliers, se baisser pour ramasser un objet, danser sur de la musique…

ÉPIGÉNÉTIQUE

Le mouvement est ancré dans l'ADN de chaque être humain. Même si nous pouvons être persuadés que « dans ma famille nous ne sommes pas sportifs », le mouvement est ancré dans notre noyau cellulaire. Et si certains gènes sont effectivement héréditaires, l'hygiène de vie de chaque individu agit sur leur degré d'expression. La part de la génétique sur la santé est de 30 %, alors que celle de nos habitudes quotidiennes est de 70 %[160]. Ainsi, nous pouvons être porteurs d'un gène pathologique, qui ne s'activera peut-être jamais si nous prenons soin de nous[161]. L'activité physique fait partie intégrante de l'hygiène de vie, au même titre que l'alimentation, ou le sommeil.

Comme énoncé en début de chapitre, la sédentarité a débuté depuis le Néolithique et s'est imposée avec l'industrie et la technologie. L'évolution de l'organisme humain ne permet pas encore aux plus sédentaires de survivre plus longtemps, en bonne santé, et d'avoir des capacités de reproduction optimales. En attendant que cela se produise peut-être, mais probablement pas de notre vivant, utilisons les formidables capacités motrices pour protéger l'organisme et améliorer ses capacités. Nous avons tous un patrimoine génétique bien à nous, transmis par nos parents. Toutefois, il n'est pas fixe car chaque action aménage l'expression de ces gènes. Le but n'est pas d'être parfait, mais que son quotidien permette d'être la meilleure expression de soi.

Petit bonus pour terminer avec l'activité physique : une pratique corporelle régulière et même modérément intense (tel un essoufflement supportable dont on récupère rapidement, comme lorsqu'on monte quelques étages à pied) génère un stress hormétique qui incite l'organisme à créer de nouvelles mitochondries et à affiner le système de régulation du stress oxydatif.

Peu importe ce que l'on fait, dès qu'il y a du mouvement, la santé s'en ressent.

Astuce 3 : Le repos

Après l'effort, le réconfort.

Après l'alimentation et l'activité physique, le repos est aussi un pilier important de la santé. Souvenez-vous : c'est durant le sommeil que le système immunitaire est le plus actif. En effet, la mélatonine a un important rôle de régulation du rythme circadien et de l'activité du système immunitaire. Un sommeil de qualité et une régularité du rythme circadien optimisent considérablement l'immunité.

Au quotidien, il est important d'alterner des temps d'activité et des temps calmes. Même assis, l'anxiété et le stress génèrent des temps d'activité cérébrale et hormonale pour l'organisme. Une anxiété constante ou régulière dérange alors le système immunitaire. En état de vigilance, tout le corps est au garde à vous pour réagir rapidement, le repos est inhibé, le système immunitaire est aux aguets et très réactif… Bref, au bout d'un moment, cela ne fonctionne plus correctement. Le stress excessif est générateur de stress oxydatif et de surstimulation du système immunitaire, générant une inflammation chronique du corps. L'anxiété chronique augmente les risques de maladies de toutes sortes.

> Le stress est une réponse automatique à un danger. Dans l'environnement sauvage, il fallait pouvoir réagir rapidement aux sources d'alerte comme un prédateur, une tribu rivale… Dès lors que le corps déclenche l'alerte avec les hormones du stress comme le cortisol ou l'adrénaline, la viscosité du sang augmente afin de réduire les risques de perte abondante de sang durant l'urgence[42]. L'aspect négatif de cet atout évolutionniste est que les sources de stress actuelles sont plus communément déconnectées d'un risque de blessure. Nul besoin de faire battre le cœur plus vite pour aller parler à son patron.

La gestion émotionnelle et le repos sont primordiaux pour garantir une immunité. D'ailleurs, un stress chronique semble rendre les neurones plus sensibles à la douleur[162].

COMPRENDRE LE SYSTÈME NERVEUX

Le système nerveux est composé de deux systèmes :

- Le système nerveux central (cerveau + moelle épinière) donne les ordres au reste du corps.
- Le système nerveux périphérique exécute les ordres et passe les informations au système nerveux central.

Ce système périphérique est lui-même composé de deux systèmes :

- Le système somatique qui exécute les commandes volontaires (lever un bras, marcher…).
- Le système autonome qui gère les rythmes naturels du corps sans notre conscience (respiration, digestion, rythme cardiaque…).

Le système nerveux autonome est rudimentaire. Il possède deux leviers : l'un pour activer le corps face à une source de stress et l'autre pour détendre le corps :

- Le système sympathique met le corps en alerte, fait monter la fréquence cardiaque, dilate les pupilles, libère du cortisol, coupe la digestion pour pouvoir réagir vite : c'est le réflexe combat-fuite.
- Le système parasympathique met le corps au repos, active la digestion, diminue la fréquence cardiaque…

Aujourd'hui, à cause des multiples stimuli de notre environnement, l'organisme perçoit des menaces partout et reste en état de vigilance face aux multiples stimulations que perçoivent nos sens (le téléphone, la télé, les pubs, le travail…), le système sympathique n'est jamais vraiment à l'arrêt, donc le corps n'est jamais au repos de manière optimale.

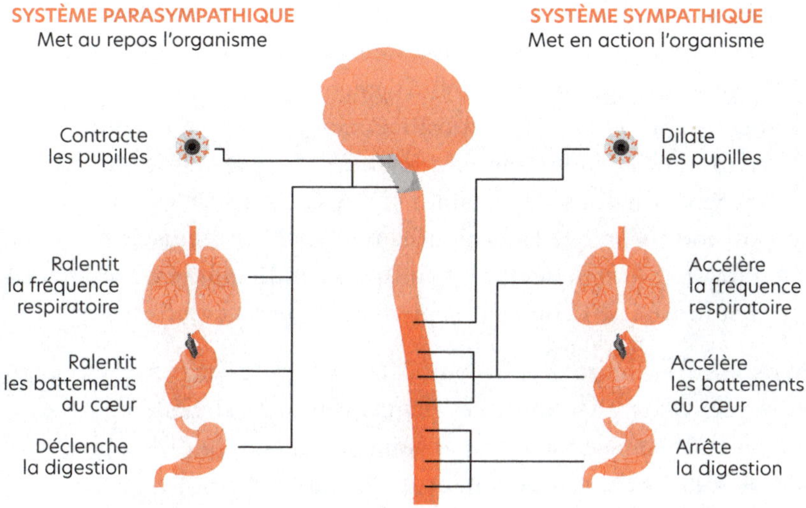

Même durant les pauses au travail : scroller sur le téléphone, discuter avec les collègues, le conjoint qui nous appelle… sont autant de sources de stress qui ne permettent pas au système sympathique de s'inhiber. De ce fait, sur toute une journée, combien de minutes sommes-nous vraiment calmes en dehors du sommeil ? Il est probable que ce soit peu. Le calme ne se résume pas à dormir ou méditer, mais à ressentir de la tranquillité.

Cette tranquillité peut facilement être perturbée par des facteurs qui ne sont pas directement de notre fait. En effet, nos sens, et surtout l'ouïe, fonctionnent en permanence et sans forcément que nous y prêtions attention. Dans son livre sur le cerveau et la nature[163], le professeur Van Quyen explique comment les oreilles sont le sens de l'alerte et de la vigilance et ne peuvent s'arrêter de fonctionner, car la menace peut apparaître à chaque instant.

Contrairement aux yeux qui peuvent se fermer, les oreilles sont à tout moment à l'affût d'un craquement de branche en pleine nuit ou d'un rugissement au loin. Au moindre bruit, le cerveau sécrète du cortisol pour rester vigilant. Vivre en ville, c'est aussi s'exposer à une abondance de bruits, à des tonalités et des volumes

> importants comme les klaxons, les cris des enfants, les travaux... Cela excite en permanence le système sympathique et limite la mise au repos au quotidien. Selon l'Agence européenne de l'environnement (AEE) et l'OMS, l'exposition à long terme au bruit, même au niveau auquel nous sommes habitués dans les zones urbaines, a des répercussions importantes sur la santé. L'AEE estime que l'exposition chronique au bruit urbain nuit à 22 millions de personnes et impacte le sommeil de 6,5 millions d'individus. Ce bruit permanent provoque 12 000 décès prématurés par an en Europe[164].

En réalité, il est impossible d'avoir 0 décibel, même en pleine montagne où le vent qui frotte contre les pentes émet une dizaine de décibels. D'ailleurs, le silence total peut angoisser. Cependant, il semble important de réduire l'exposition au bruit dès qu'on le peut, et de s'octroyer des temps calmes, sans musique, dans une pièce silencieuse. Pour conclure, le repos, tant en parlant de sommeil, que de calme sensoriel, favorise le système immunitaire et réduit l'excitabilité du corps qui amenuise ses capacités à long terme.

Astuce 4 : S'exposer au froid

Attendez un peu avant de frissonner, ce qui suit ne va pas vous refroidir.

Le froid est un outil médical. Les vertus thérapeutiques du froid étaient déjà explorées par Hippocrate durant l'Antiquité grecque. Les thermes romains étaient composés de « frigidarium » (eau non chauffée). Dans le papyrus d'Edwin Smith, on trouve déjà des références de l'utilisation du froid dans les soins égyptiens.

Au temps contemporain, Wim Hof est l'un des acteurs importants de la démocratisation et théorisation d'une pratique d'exposition régulière au froid pour améliorer les capacités de santé.

Aujourd'hui, nous avons des maisons isolées avec un système de chauffage, des voitures et transports en commun chauffés, et bon nombre travaillent dans des bureaux encore chauffés ou climatisés en fonction de la saison et portent des doudounes en extérieur. L'exposition aux variations de température se résume, pour beaucoup, au bout du nez qui sort du manteau, quelques minutes entre deux bâtiments chauffés. D'une certaine manière, le corps est souvent ou quasi exclusivement (en fonction de la profession) en homéostasie thermique. Même si le genre Homo a perdu sa pilosité à mesure de l'évolution par sa capacité à se couvrir, à créer de la chaleur et à s'abriter, il n'en est pas moins qu'il a développé des ressources physiques pour être continuellement à l'extérieur, et ce en toute saison.

L'homme est homéotherme ! C'est-à-dire que l'organisme a la capacité de conserver sa température à environ 37 °C malgré la température extérieure. Nous avons donc un organisme qui sait s'adapter aux variations de température. D'ailleurs, plus on s'y expose, plus il développe cette capacité, c'est la loi de l'hormèse ! C'est pourquoi les spartiates restaient peu habillés toute l'année, pour être les plus vigoureux sur le champ de bataille, quelle que soit la saison[165]. Les Inuits roulaient traditionnellement leurs bébés dans la neige pour les habituer à ce climat glacé. La prison d'Alcatraz était la seule à avoir des douches chaudes, pour que le corps des prisonniers ne s'adapte pas au froid et pour s'assurer qu'ils ne puissent pas s'évader par la mer.

Il y a beaucoup d'idées reçues sur le froid. Nous avons vu au début qu'il n'est pas vecteur de maladie, et vous allez découvrir qu'à l'inverse, le froid protège et renforce. D'ailleurs, si le froid augmentait la propagation de virus et bactéries, pourquoi stockerions-nous les aliments dans un réfrigérateur ?

Le seul risque d'une exposition au froid, c'est lorsqu'elle est trop longue. Une hypothermie peut alors survenir. Lorsque la température corporelle passe sous les 30 °C, cela devient potentiellement mortel, car le corps n'aura pas le temps de réchauffer l'organisme pendant que les dégâts se font. Mais rassurez-vous, il faudrait ne pas avoir le choix de rester plusieurs heures dans le froid de l'hiver et peu couvert pour cela arrive. Ce n'est pas une douche froide, ou une sortie plus dévêtue l'hiver, qui vous mettra en danger.

ET L'HYDROCUTION ALORS ?

L'hydrocution est un malaise vagal réactionnel lorsque l'on passe subitement d'une température chaude à l'extérieur à une immersion totale dans de l'eau froide. Le changement brusque de température crée une contraction réflexe des veines et artères. Lorsque le corps capte le froid, il concentre le flux de sang chaud au niveau des organes pour les maintenir à température, et réduit le flux dans les membres, qui peuvent être sacrifiés pour survivre. C'est pour cela que les fourmillements dans les pieds et les mains bleues sont les premiers symptômes du froid. Cette contraction réflexe réduit subitement l'alimentation du cerveau en sang, ce qui crée un évanouissement le temps que le tout s'adapte. Le réel danger n'est pas le malaise, mais le risque de noyade ou de choc si vous êtes seuls. Donc il faut en terminer avec la légende des deux heures après manger pour se baigner, il suffit de rentrer doucement dans l'eau, tout en se mouillant la tête et la nuque pour avertir le corps et éviter le changement brutal d'irrigation sanguine, pouvant amener sinon à un évanouissement temporaire dans l'eau.

Concrètement, pourquoi s'exposer davantage au froid ?

Pour lutter contre le froid, l'organisme peut trembler ou frissonner, permettant de créer de l'énergie thermique par la contraction musculaire. Mais le processus de réchauffement le plus puissant est permis par les gras bruns. Ce sont des cellules adipeuses qui ont pour mission de créer de l'énergie thermique. Elles s'alimentent à partir des graisses, l'une des sources d'énergie les plus abondantes du corps. Les bébés semblent naître avec beaucoup de cellules adipeuses (ce qui fait ce corps potelé) pour survivre à ce nouvel environnement, avec un fonctionnement musculaire encore faible. Bonne nouvelle pour les frileux, ce processus hormétique s'améliore dès lors qu'on s'expose au froid, même à l'âge adulte. Il n'est pas trop tard, bien au contraire. Une étude a révélé que baisser son thermostat de quelques degrés suffit à perdre 4-5 kg en une année[84]. Le simple fait de vivre dans un milieu plus frais augmente les dépenses énergétiques et la vitalité de manière générale[166].

Le froid présente encore d'autres intérêts. Il génère une vasoconstriction réflexe pour orienter le flux sanguin. Le froid participe à améliorer la tonicité des vaisseaux sanguins et la capacité cardiovasculaire générale. En effet, vivre peu de variations de température réduit la force du système circulatoire. Le froid étant perçu comme un danger, le corps crée et prépare également beaucoup de globules blancs en prévention, ce qui participe à l'amélioration du système immunitaire[167] et de sa capacité de régulation de l'inflammation.

Enfin, lors d'une exposition au froid, le corps est en détresse et répond par un effet anesthésiant et stressant. Les hormones utilisées sont les cannabinoïdes et les opioïdes[73]. Vous avez peut-être remarqué que cela ressemble à du cannabis et de l'opium, qui sont des drogues réputées pour leur effet euphorisant et tranquillisant. Nous pouvons vous assurer qu'à chaque expérience de froid, comme une simple douche froide, vous ressortez avec une sensation de bien-être et de fierté immense.

Au quotidien, comment peut-on utiliser les pouvoirs du froid ?

- **Baisser son thermostat** de 1 C° pour commencer, puis continuer à le baisser progressivement jusqu'à ne plus en avoir besoin, ou le fixer vers 16 ou 18 °C pour les plus frileux. Au début, cela peut être difficile, mais vous pouvez vous couvrir un peu ou mettre un plaid sur le canapé, le temps de vous adapter.
- **Se couvrir un peu moins lorsqu'on sort** et ne pas avoir peur d'avoir un peu froid.

- **Terminer sa douche par de l'eau froide**. Une douche froide (ou bain froid) est le moyen le plus simple et efficace de profiter des bénéfices de tout ce dont nous vous avons parlé, et toute l'année.

MODE D'EMPLOI DE LA DOUCHE FROIDE

Pour les plus sceptiques, prenez votre douche comme vous l'aimez, puis tournez le mitigeur sur le froid maximum et comptez jusqu'à 5. Le jour d'après, comptez jusqu'à 10, puis 15, 20… Il faut avoir le plus froid possible. Si vous ne tournez pas le mitigeur à l'extrême, le frais est très désagréable, et le stress n'est pas suffisamment intense pour générer les bienfaits.

Lisez ces lignes avant de vous lancer :

Le réflexe corporel est de créer une tension intense, ce qui va naturellement vous faire suffoquer. L'objectif est de se calmer en se forçant à respirer lentement et à essayer de ne plus bouger. Plus vite vous y arriverez, plus vite vous couperez le signal de souffrance. Lorsque vous arriverez jusqu'à 20-30 secondes, vous verrez que vous n'aurez plus vraiment froid. Vous aurez même chaud en sortant, car les gras bruns auront généré une chaleur que vous allez garder plusieurs dizaines de minutes. Cela devient un rituel.

Pour les plus téméraires, vous pouvez réaliser une douche froide totale.

Pour terminer cette partie sur le froid, parlons un peu de la chaleur. L'exposition à la chaleur de l'été, ou celle plus artificielle d'un hammam ou d'un sauna, a aussi beaucoup de bénéfices. Il est important de retenir que le corps sait gérer les variations de température. C'est en conservant la même température toute l'année que les pouvoirs du corps peuvent se dérégler. Éteindre son thermostat ou sa climatisation permet au corps d'utiliser les dons qu'il a reçus pour vivre en bonne santé. L'adaptation vient très vite, et les bienfaits avec.

En plus, ces conseils sont économiques et écologiques, ils améliorent la silhouette, réveillent et créent un bien-être... *What else*? Il y a peu d'astuces sans effets secondaires qui comptabilisent autant de bienfaits.

Astuce 5 : Utiliser l'aromathérapie

Nous vous rappelons qu'en cas de doutes ou d'interrogations, n'hésitez pas à vous rapprocher d'un pharmacien, d'un naturopathe ou d'un médecin. Ces conseils sont indicatifs, mais cela reste des principes actifs avec lesquels il ne faut pas abuser.

Les huiles essentielles sont un concentré très intense des principes actifs d'une plante. Dans la nature, les plantes et arbres émettent des molécules dans l'air pour se défendre des parasites. Ces molécules sont variées et peuvent avoir des impacts différents d'un végétal à l'autre. À chaque douleur son huile essentielle. En vivant en permanence dans la nature, nos ancêtres étaient constamment au contact de ces molécules. Ces huiles sont obtenues à partir de la distillation des plantes. Il faut 200 kg d'un végétal pour avoir 1 L d'huile essentielle. Le principe actif d'une goutte est donc extrêmement puissant, ce pour quoi le contact direct avec les muqueuses peut irriter, en cas d'utilisation non adaptée.

À travers la multitude d'huiles essentielles, voici les cinq qui sont régulièrement recommandées[5] [152] :

- **Tea tree** : règle les problèmes de peau. C'est un formidable antiseptique par son action antibactérienne, antifongique, antiparasitaire et cicatrisante. Acnée, rougeurs, piqûres de moustique, dermatoses... Vous pouvez l'appliquer avec un peu d'huile végétale. Son action peut aussi être interne, notamment efficace pour traiter les maux de gorge.
- **Thym à thujanol** : règle les problèmes internes, en activant l'immunité et en aidant le système inflammatoire. Cela accélère le soin des infections.

- **Lavande vraie** : un antalgique et un calmant réputé depuis des siècles. Elle apaise, calme, réduit l'anxiété et surtout les maux de tête.
- **Menthe poivrée** : donne du tonus en activant la circulation sanguine et le système nerveux. Il a une action antalgique importante. Son pouvoir est assez transversal.
- **Ravintsara** : lutte contre les virus de l'hiver, à utiliser en prévention ou lorsque l'on est malade.

Les huiles essentielles peuvent être utilisées en prévention d'une maladie, pour renforcer son immunité quand l'hiver approche, ou même à l'arrivée des premiers symptômes. Pour les utiliser, il y a plusieurs options, que vous pouvez faire simultanément :

- Les consommer : mettre 2 à 4 gouttes sur une boulette de pain, dans une cuillère de miel ou d'huile d'olive et avaler. Ne pas les mettre dans l'eau, car l'huile essentielle ne s'y mélange pas. De ce fait, l'huile sera au contact des muqueuses lorsqu'elle est avalée, ce qui risque de les irriter. Faire cela 3 ou 4 fois par jour.
- En massage : poser 2 gouttes directement à l'endroit de la douleur, ou sur les poignets et masser, afin de faire pénétrer l'huile. Il est préférable de mélanger avec un peu d'huile végétale (cela peut être de l'huile d'olive ou d'arnica).
- En diffusion : mettre 4 gouttes dans un diffuseur d'huiles essentielles. Son essence va se propager dans la pièce et elle pourra être respirée.

Attention : les huiles essentielles sont des procédés actifs très puissants, il faut éviter le surdosage au risque d'amplifier les maux de tête et prendre les bonnes par rapport au besoin. 2 gouttes toutes les 4 heures suffisent amplement. De plus, il n'est pas recommandé d'utiliser les huiles essentielles lorsqu'une femme est enceinte.

Astuce 6 : Aller dans la nature...

> Va prendre tes leçons dans la nature
>
> **LÉONARD DE VINCI**

L'aromathérapie tire son utilité de molécules végétales que l'on appelle des phytoncides. Ce sont des composés organiques volatils sécrétés par les plantes et libérés dans l'air pour faire fuir les microbes, les virus, les bactéries, les champignons et tout autre parasite. Au même titre que les polyphénols, les phytoncides sont un moyen de défense non pas interne à la plante, mais diffusé dans l'air ambiant.

Ces composés sont présents dans l'air environnant des plantes et peuvent être inhalés par toute personne qui se promène. Respirer cet air chargé en composés actifs est vraiment bénéfique. La pression sanguine et le taux de cortisol baissent très rapidement, car les molécules sont inhalées (elles passent plus vite dans le sang que par la digestion). En respirant ces composés, cela soutient activement le système immunitaire, par exemple[168]. Ce qu'on appelle « bain de forêt », c'est une balade en milieu naturel qui permet de respirer ces phytoncides et de profiter des bienfaits gratuits et naturels. Des bains de forêts fréquents favorisent une meilleure capacité cardio-vasculo-pulmonaire, mais aussi cognitive et attentionnelle, et luttent activement contre la dépression[168]. Les Japonais ont une politique de protection des forêts et une activité de bain de forêt appelé *shinrin yoku* recommandée par leur ministère de la Santé depuis les années 1950.

Au-delà des phytoncides, le simple fait de voir le milieu naturel ou la couleur verte permet de réduire le niveau de stress et d'accélérer la guérison[169]. Dans son livre, le professeur Van Quyen rapporte plusieurs expériences où les patients hospitalisés en post-opératoire ayant vue sur au moins un arbre depuis leur chambre, guérissaient plus vite ou avaient besoin de moins d'antidouleurs qu'un patient avec les mêmes caractéristiques, mais sans vue sur la végétation depuis sa chambre. De plus, dans une forêt, les arbres, les arbustes, et toute autre plante sont dispersés de façon aléatoire, le houppier des arbres (leur silhouette) est plutôt circulaire, comme les troncs et les branches. La nature présente une majorité de teintes vertes et marron, avec des lignes courbes et irrégulières. Prenons maintenant une ville. La teinte majoritaire est le gris, les bâtiments sont alignés et tout est angulaire. Ainsi, le réflexe primitif considère ce lieu comme étranger et menaçant, car potentiellement dangereux (des angles, du gris, cela ressemble à des falaises, des montagnes… que des lieux hostiles pour la survie), ce qui convoque notre vigilance en permanence. C'est pour cela qu'en se baladant en ville, on a généralement un taux de cortisol plus élevé qu'une balade en milieu végétal[169].

Par ailleurs, écouter le milieu naturel, notamment le chant des oiseaux, permet d'apaiser immédiatement l'esprit en faisant chuter le cortisol, au service de votre système immunitaire. Dès lors qu'on entend le chant des oiseaux, le taux de vigilance de l'organisme baisse, au bénéfice des capacités physiologiques.

> Lorsqu'il va pleuvoir ou lorsqu'il y a un élément dangereux (un prédateur qui rôde), les oiseaux cessent de chanter. Si les oiseaux chantent, il y a moins de raisons d'être vigilant. Ce comportement a été conditionné par notre espèce depuis des milliers d'années. N'hésitez pas à mettre des chants d'oiseaux chez vous ou dans vos oreillettes en période de stress intense, ou un moment où vous aimeriez vous reposer.

En résumé, il est intéressant d'aller se balader en pleine nature pour gagner en vitalité et réduire l'anxiété. C'est également l'occasion de faire le plein de lumière et de vitamine D. Donc sortons, ouvrons les fenêtres, relevons les manches et le pantalon. Notre espèce est censée passer sa journée en extérieur et donc s'exposer régulièrement à l'environnement naturel et aux rayons solaires, sauf aux heures les plus chaudes où les mammifères se reposent à l'abri.

Astuce 7 : … et garder les pieds sur terre

Au même titre qu'Homo sapiens passait son temps à l'extérieur avec une exposition à la lumière solaire et aux variations de température, il avait les pieds sur terre en permanence. Il avait vraiment les pieds sur terre. Actuellement, nos pieds sont continuellement sur des semelles en caoutchouc ou sur un sol isolé de la « terre » par une dalle en béton, du goudron…

La terre est chargée d'ions négatifs[170] alors que l'atmosphère est chargée positivement. Les flux d'électrons s'échangent en permanence à travers les éclairs et le rayonnement solaire, garantissant un circuit électrique global et continu. S'exposer au courant continu semble réguler l'inflammation du corps et réduire le vieillissement cellulaire en facilitant le calibrage circadien et la neutralisation du stress oxydatif. En effet, lorsque la peau touche la terre, les électrons libres négatifs inondent le corps et soutiennent le système anti-inflammatoire et antioxydant pour réguler la présence accrue d'ions positifs oxydatifs et inflammatoires.

Notez qu'en France, les normes électriques actuelles obligent d'avoir une prise terre pour éviter une surtension dangereuse. Pourquoi ce ne serait pas pareil pour l'Homme ? Cloîtré dans sa bulle non conductrice, le corps reste chargé électriquement, notamment en ions positifs du fait d'un mode de vie oxydatif. Dès qu'il rentre en contact avec un quelque chose de conducteur et chargé négativement, cela crée ce petit coup de jus semblable aux éclairs de l'orage. Personne n'a échappé à ce claquement électrique qui peut arriver en touchant sa voiture ou une autre personne. Pour permettre de conserver un état électrique sain et soutenir activement le fonctionnement antioxydant et anti-inflammatoire, il est intéressant de se mettre en contact régulièrement à la terre. Cette pratique s'appelle le *grounding*, ou le *earthing*. En touchant avec sa peau un élément conducteur de la terre, nous rentrons dans le circuit électrique continu et profitons immédiatement de ses bienfaits[171] :

- réduction de l'inflammation ;
- réduction de la douleur ;
- réduction de la fatigue ;
- réduction de l'anxiété ;
- réduction de la tension artérielle et de la viscosité sanguine ;
- réduction des symptômes de maladies auto-immunes ;
- rythme circadien réglé avec un flux de cortisol et de mélatonine organisé, ce qui influe sur les temps d'éveil et de sommeil ;
- amélioration du sommeil.

Il n'y a rien d'ésotérique ici : la science s'y intéresse sérieusement, car, au même titre que la plus-value des variations de température, de la lumière solaire ou encore des phytoncides végétaux, l'organisme humain fait partie intégrante du monde vivant. Et ce dernier semble vivre dans un rythme biologique commun, avec des échanges d'ions en permanence. Pourquoi serions-nous différents des autres êtres vivants ?

Comment faire au quotidien ?

Marcher pieds nus sur la plage, jardiner, s'allonger sur l'herbe, nager… sont des moments où l'organisme se connecte au circuit électrique global de la terre. Même si cela paraît imperceptible, à l'échelle des transferts d'ions, les cellules sentent la différence. Vous n'avez rien à perdre à sortir pieds nus dans le jardin si vous en avez un, à manger les pieds dans l'herbe, à toucher un arbre, à faire vos étirements, vos pompes ou autre activité au sol dans un parc, à nager dans la mer ou la rivière…

La quête du confort a incité l'être humain à s'isoler du milieu sauvage pour garantir un confort thermique, une intimité, une aseptisation… Au même titre que pour la lumière et la température, se déconnecter de l'environnement naturel s'apparente au quotidien d'une plante en pot : on pense aller bien, la plante semble aller bien. Mais à mesure du temps, on se rend compte qu'elle ne grandit pas beaucoup, des taches apparaissent et elle peut finir par mourir. Sa jumelle plantée dans la terre rayonne à côté, lui faisant de l'ombre par sa croissance. La plante en pot survit, mais cédera plus tôt. Le corps humain déconnecté survit, mais la quantité de petits poisons et de déséquilibres quotidiens le fera céder plus tôt. **Donc à l'occasion, connectez-vous (pas sur Instagram !)**.

Astuce 8 : Respirer correctement

On pourrait penser que respirer est un réflexe naturel et qu'il n'y a pas besoin de réfléchir pour le faire correctement. Or c'est faux, enfin en partie.

Le diaphragme est le muscle principal de la respiration. Situé en bas des poumons, c'est un muscle à 360° qui tire les poumons notamment vers le bas pour faire rentrer l'air par effet de sous-pression. Cela fait naturellement gonfler le ventre. La respiration ventrale (ou diaphragmatique) est la respiration saine de l'organisme. C'est celle que les bébés ont. Cependant, nous la « désapprenons » par souci esthétique (rentrer le ventre) et fonctionnel en passant nos journées assis, avec des pantalons et des ceintures serrés[172]. Le système nerveux envoie moins de commandes au diaphragme opprimé[116], et plus aux muscles de la respiration secondaire (qui font gonfler la cage thoracique plutôt que le ventre) permettant d'augmenter l'amplitude respiratoire lors d'un effort intense.

Un adulte inspire entre 6 L (repos) et 100 L (effort) d'air par minute en moyenne. Chimiquement, c'est plus de 2 kg de molécules de dioxygène que l'on consomme par jour, ce qui a forcément un impact sur notre immunité si l'on respire mal.

Tout d'abord, il est primordial de respirer **par le nez**. Respirer par la bouche est responsable entre autres d'allergies, d'apnée du sommeil, de mauvaise haleine et aussi de déformation du visage. Cela entraîne un relâchement des tissus au fond de la gorge, nous obstruant les voies nasales, et nous forçant à respirer par la bouche, c'est un cercle vicieux. Le nez est l'organe que le corps a créé pour absorber l'air. Sa forme et sa composition interne permettent de le filtrer, de l'humidifier et de le réchauffer pour faciliter le passage de l'oxygène dans le sang et bloquer les polluants. En effet, les poils et les muqueuses filtrent les particules fines comme un piège à mouche. Aussi, respirer par la bouche l'assèche, ce qui réduit la présence de salive protectrice et favorise ainsi la prolifération de bactéries induisant une mauvaise haleine et des problèmes dentaires.

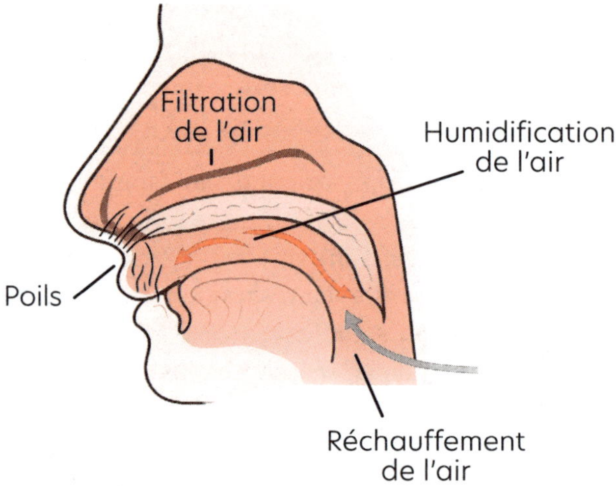

Cela vous paraît difficile, car vous avez souvent le nez bouché ? ou qui coule ?

En respirant par la bouche, cela affaiblit le microbiote et les muqueuses nasales, ce qui augmente la réactivité allergique et inflammatoire du nez, et ainsi son obstruction et/ou un écoulement nasal. Comme le corps est fait pour respirer par le nez, on peut lui réapprendre, en se réhabituant. Ce ne sera pas immédiat, mais les impacts sur votre santé seront importants. Dès que possible, prenez conscience de votre respiration et obligez-vous à respirer par le nez.

Et la nuit ? Vous vous réveillez la bouche sèche, ou avec un filet de bave… une respiration buccale durant le sommeil réduit la qualité de celui-ci. Mais il n'est pas évident d'y penser lorsqu'on dort. Il y a une technique très simple à mettre en place pour modifier rapidement le réflexe respiratoire : le *Mouth Taping*. Il s'agit de mettre un petit bout de sparadrap sur la bouche en gardant bien le nez découvert. Cela impose une respiration nasale lorsque vous êtes inconscient. Pas d'inquiétude, si la respiration devient trop difficile, votre corps sera capable de se débarrasser du sparadrap même dans son sommeil. Si vous doutez, entraînez-vous éveillé.

Ensuite, il est primordial d'avoir une **respiration ample**. Au niveau de la fréquence, l'idéal est d'allonger la durée des expirations. Aujourd'hui, un homme occidental respire entre 16 et 24 fois par minute : testez maintenant ! Une fréquence respiratoire de 8 à 12 cycles par minute est importante pour être en bonne santé. Une respiration trop courte fait augmenter la fréquence respiratoire et donc cardiaque, ce qui stimule le système nerveux sympathique. En effet, une respiration courte et rapide indique un signal de stress au cerveau qui augmente son état de vigilance.

Il existe une façon de respirer dite « parfaite » pour notre organisme. Cette technique permet de faire entrer les systèmes nerveux, respiratoire et cardiaque dans un état de cohérence, et donc d'efficacité optimale : la cohérence cardiaque[173]. Il s'agit d'inspirer sur 5 secondes, d'expirer sur 5 secondes, pendant 5 minutes.

La cohérence cardiaque mérite une attention particulière, car elle crée un équilibre du système autonome. Cet équilibre est fondamental, car il permet de passer d'un besoin d'éveil à un besoin de repos et de réagir de façon adaptée à chaque situation. Faites-le le matin, vous réagirez plus subtilement face aux agressions du quotidien en voiture, dans les transports en commun… En moyenne, la cohérence cardiaque perdure pendant plusieurs heures. Il y a des applications mobiles gratuites et intuitives qui vous permettent de le faire facilement à n'importe quel endroit. Vous pouvez le réaliser régulièrement, ou seulement lorsque vous en éprouvez le besoin, comme avant une réunion importante, un rendez-vous amoureux… À partir du moment où vous inspirez et expirez sur un rythme de 5-6 secondes pendant plusieurs minutes, vous ressentirez très rapidement les bienfaits.

Pendant une maladie

Avant tout, il est important de se rappeler que le corps sait se guérir tout seul pour la majorité des maladies et souffrances du quotidien. Aujourd'hui, notre mode de vie est si éloigné de sa nature que c'est plus difficile pour lui, mais il en est tout de même capable. Donc le premier conseil est de faire confiance à son corps, à son pouvoir d'autoguérison et de se reposer pour le laisser travailler. Il est important de se reconnecter à ses douleurs et de ne plus chercher à les faire taire aux premiers signes. Apprenez à écouter votre corps, et avec le temps, vous ressentirez moins la douleur, car l'organisme y sera habitué.

Maladies « de l'hiver »

Lorsque vous ne vous sentez pas bien, cela se traduit par divers symptômes. Vous avez de la fièvre, des courbatures, vous vous sentez fatigué ou encore vous êtes enrhumé. Dans des cas plus précis, vous pouvez avoir mal à la gorge, tousser, avoir mal à l'estomac, voire vomir. Peu importe les symptômes, votre corps est en réalité attaqué par un virus ou une bactérie et est en train de se défendre. Là où le froid ralentit la propagation des microbes, la chaleur supérieure à leur besoin les affaiblit. Le corps fait alors monter la température corporelle pour activer la réaction immunitaire tout en perturbant la prolifération microbienne. Vous avez déjà entendu que pour rendre de l'eau potable, la faire bouillir tue 99 % des bactéries et virus ? Eh bien, votre corps fait la même chose. Concrètement, le sang se concentre vers l'intérieur pour réchauffer les organes. Les muscles se contractent également pour créer de la chaleur locale, d'où ces sensations de frisson et de courbatures. Une fois les microbes éradiqués, le corps élimine la chaleur excessive par la transpiration, d'où l'oreiller trempé au matin. Vous devez alors boire beaucoup d'eau pour éviter la déshydratation.

Si vous avez la diarrhée ou la gastro-entérite, des virus ou des bactéries ont attaqué un organe en particulier : l'estomac. Le système fonctionne de la même manière, mais ce dernier cherche en plus à éliminer rapidement le virus en se vidant de son contenu.

En cas de mal de gorge, les ganglions lymphatiques fonctionnent à plein régime. Le système lymphatique amène les bactéries à l'intérieur du ganglion pour que les globules blancs les attaquent. Cela les fait gonfler, donc la zone au-dessus de la glotte devient très sensible et peut être douloureuse à chaque déglutition.

Bonus pendant une maladie

Il est important de se reposer, de bien s'hydrater, de s'alimenter, et de suivre les conseils du début de chapitre.

Bonus fièvre : faire tomber la fièvre par des médicaments comme l'aspirine ou le paracétamol est alors susceptible d'aller à l'encontre de l'immunité. Ces propos sont à nuancer s'il s'agit d'un nourrisson subissant cette fièvre, ou si la fièvre dépasse 39,5 °C. Lors d'une légère montée de température, vous êtes infectés par une bactérie ou un virus, votre corps produit donc plus de globules blancs, car ce sont eux qui vous défendent.

Bonus gastro-entérite : vous pouvez essayer de pratiquer ponctuellement le jeûne, intermittent, ou pendant 24 heures (autophagie), pour que l'estomac guérisse de l'inflammation de ses parois sans que rien d'autre ne vienne soit surinfecter, soit ralentir la guérison. Continuer de manger, notamment des aliments transformés, c'est envoyer de l'essence sur un incendie devant les yeux des pompiers essayant de l'éteindre.

Bonus mal de gorge : vaut-il mieux boire chaud ou froid ? En réalité, l'important est de boire énormément d'eau pour continuer à lubrifier votre gorge irritée. Le chaud et le froid vont soulager temporairement par leur effet anesthésiant. Attention, si c'est trop chaud, cela peut empirer l'inflammation, ou faire mûrir l'abcès s'il y en a un. Il faut en revanche consommer de l'eau ou un glaçon, et non des glaces qui, par la présence de sucres raffinés, vont contribuer à acidifier votre corps et augmenter l'inflammation. Les grogs avec du rhum sont une fausse bonne idée, car l'alcool acidifie votre corps et participe à l'affaiblissement du système immunitaire. De toute façon, un alcool à 40 % n'est pas assez concentré pour venir à bout de vos bactéries (et ingérer un alcool à 90 %... ça brûle littéralement les muqueuses et les parois du système digestif... fausse bonne idée aussi).

Bonus nez bouché : faites des apnées. Le CO_2 a un effet vasodilatateur, donc retenez votre respiration 30 secondes, cinq fois, et vous pourrez à nouveau respirer correctement[174].

En résumé

	PRÉVENTIF	CURATIF
ALIMENTATION	• Utiliser les épices dans vos plats : curcuma, poivre noir, cannelle. • Utiliser les condiments : ail, oignon, gingembre, miel. • Boire du thé vert.	• Consommer de l'ail et de l'oignon. • Boire beaucoup d'eau (2 L/jour). • 1 à 7 tasses de thé vert par jour. • Éviter les aliments transformés, le lait, le sucre.
AROMATHÉRAPIE	• Coup de mou : menthe poivrée. • Maux de tête : lavande vraie. • Maladies de l'hiver : ravintsara et thym à thujanol. • Problèmes de peau, maux de gorge : *tea tree*.	• 2 gouttes de ravintsara sur les poignets (3x/jour). • Consommer 2 gouttes sur une cuillère de miel (3x/jour). • Gastro : 1 goutte de menthe poivrée sous la langue (3x/jour). • Mal de gorge : consommer 2 gouttes de tea tree sur une cuillère de miel (3x/jour).
UTILISER LES POUVOIRS DU FROID ET DE LA NATURE	• Finir ses douches par une douche froide. • Aller régulièrement au contact de la nature : forêt, parc… • Mettre de temps en temps ses pieds nus au contact de la terre, même juste une minute.	• Aller régulièrement au contact de la nature : forêt, parc… • Gastro : jeûner mais boire beaucoup d'eau.
RESPIRATION	• Respirer par le nez et non par la bouche. • Respirer lentement avec le diaphragme. • Pratiquer quotidiennement la cohérence cardiaque.	• Pratiquer quotidiennement la cohérence cardiaque. • Nez bouché : faites des apnées.

CONCLUSION

Manger des fruits et légumes, limiter la consommation d'alcool et arrêter les écrans avant d'aller dormir sont des informations que l'on entend fréquemment. Et pourtant, combien d'entre nous arrivent réellement à suivre ces recommandations en permanence ? L'Homme moderne a du mal à se gouverner lui-même, car le cortex du raisonnable est souvent inhibé par la partie émotionnelle et pulsionnelle plus profonde du cerveau.

Alors, que faire ? Il n'y a pas de solution miracle. Sa vie, chacun en fait ce qu'il en veut. À travers ce livre, nous avons révélé les leviers de cette tension permanente et de ces dilemmes qui nous dépassent, mais pour lesquels nous sommes globalement responsables des conséquences.

Il est certainement plus facile d'ajouter un maximum de petites habitudes à son quotidien plutôt que de supprimer les mauvaises habitudes (mais tellement plaisantes) que l'on a prises depuis longtemps. On ne peut sûrement pas intégrer toutes les astuces de ce livre en une journée. Cependant, n'ayons pas peur d'expérimenter et d'être notre propre cobaye. Essayez les astuces qui vous intriguent, triez, intégrez à votre façon dans votre quotidien celles qui vous conviennent. Par la somme d'expériences vécues et notamment par l'éducation, chaque individu a, et aura, un regard différent sur ce qu'il vient de lire et sur les expérimentations à venir. Il y a de multiples astuces pour répondre à de multiples besoins, et peut-être à certains des vôtres. Ne vous perdez pas dans ce tourbillon gigantesque d'informations. Cela ne doit pas vous inquiéter, mais vous intriguer. Rien n'est pressé, car le corps est résilient.

Lors d'une formation sur la vitalité en entreprise, une femme d'une quarantaine d'années, inquiète, est venue nous voir. D'une voix discrète, elle nous exprima « *Ce n'est pas trop tard pour moi ?* » Bon nombre de personnes doivent se figer dans cette idée fataliste. La résilience est cette capacité de changer la donne et de redistribuer les cartes. La vie est justement un jeu de cartes. Nous n'avons pas tous tiré quatre As à la naissance. Mais une mauvaise donne ne fait pas forcément un mauvais jeu. On peut apprendre à bien s'en servir, même si ça peut être plus difficile. Aussi, la résilience permet de piocher une nouvelle carte à chaque effort. Mais cette carte peut être un deux comme un as. Alors, il faut continuer. Beaucoup décident de quitter la table alors que d'autres décident de jouer.

La santé est comme une falaise. La pluie et les vagues sont ces actions du quotidien qui génèrent l'érosion du corps, c'est-à-dire qui affaiblissent la roche de la falaise avec le temps. Il est très coûteux et difficile de placer de gros barrages en pierre pour empêcher les vagues d'atteindre la falaise. En revanche, chaque ligne de ce livre est un grain de sable. Comme une graine que l'on a semée. Toutes ces informations, mais aussi les interrogations qu'elles suscitent, la prise de recul sur ses habitudes, les expérimentations, les échanges avec autrui, forment, grain après grain, une plage bien plus résistante et vaste. Les falaises seront alors mieux gardées. Essayez ce qui vous a intrigué dans cette lecture, mouillez-vous !

Nous n'avons pas besoin de tout faire parfaitement et de rechercher le corps parfait pour être heureux et se sentir bien. On peut accepter l'imperfection. L'important est d'être à l'écoute de son corps, de ses besoins, et d'être en harmonie avec soi-même. Nous ne poussons pas à l'excès, bien au contraire, nous tentons de l'accompagner, car il fait partie intégrante de notre société. La compréhension aidera toujours mieux que la culpabilisation. Nous ne prônons pas non plus le « c'était mieux avant ». La vie sauvage, aussi romantique qu'elle puisse paraître, est rude pour la survie. L'organisme ne s'est pas parfaitement adapté et n'a pas pensé à tout[19]. Le vivant évolue en réponse aux pressions sélectives qui s'imposent à notre survie. On ne peut pas fermer les yeux en espérant que « ça ira », c'est à chacun d'agir pour contribuer au mieux à sa vie.

Une vie en bonne santé physique et psychique est une vie en harmonie avec notre société actuelle, notre environnement et l'ADN hérité de nos ancêtres. À chacun de trouver le compromis qui lui convient dans ce triptyque. L'avantage de nos conseils, c'est qu'ils sont aussi bénéfiques pour votre porte-monnaie et pour la planète. Car respecter sa santé et sa culture est indéniablement lié au respect des écosystèmes. S'exposer plus aux variations de température, aller se balader en pleine nature, consommer davantage de végétaux, consommer de meilleure qualité et de saison… font d'une pierre, deux coups… enfin… d'une pierre, quatre coups et, même autrement dit, d'une astuce, quatre conséquences saines : son bien-être culturel, son bien-être naturel, le bien-être écologique et le bien-être financier.

De plus en plus, la science se rend compte que les clés de la santé mentale, sociale et physique se trouvent dans notre histoire et dans notre ADN. Durant des centaines de milliers d'années, notre espèce a survécu à des périodes glaciaires, des famines, des incendies, des prédateurs… et nous sommes toujours là, et nombreux. Notre espèce a profilé ses comportements sociaux et sa lecture de l'environnement, inscrite en chacun, qui lui a permis de survivre de façon performante. Même si l'on se retrouvait à 10 en milieu sauvage, un instinct nous aiderait probablement à survivre.

Il est temps d'opérer le biomimétisme humain. *Bon vivant ou bien vivant* approfondit des thématiques qui mettent en évidence la dissonance entre les modes de vie culturels et les besoins naturels. Aujourd'hui encore, notre civilisation peine à dompter des comportements spontanés, qui nous ont toutefois permis de survivre. Mieux les comprendre, c'est permettre de mieux trouver l'équilibre dans cette société.

Ce premier ouvrage parle de la santé à travers les thématiques de l'alcool, l'alimentation, le sommeil et l'immunité. L'idée même n'est pas de crier au retour aux sources, mais de comprendre d'où nous venons, pour savoir réellement où nous sommes, et comment avancer.

> Il n'y a pas de vent favorable
> à celui qui n'a pas de cap
>
> **SÉNÈQUE**

Pourquoi est-ce si important, mais si désagréable de se mettre au sport ? Pourquoi est-ce si dur d'être « écolo » ? D'où viennent ces élans de timidité, d'égoïsme ou de colère ? Pourquoi la relation homme/femme est-elle encore autant source de tensions ?

Tant de questions et surtout de tensions du présent qui se comprennent dans notre histoire profonde. Notre ère contemporaine signe un éclat de cette différence entre notre biologie, notre histoire et notre réalité. Nous sommes constamment face à des contradictions, nous devons souvent calmer des pulsions qui ne sont pas admises dans les codes sociétaux.

Pourquoi devoir gérer ce stress ? Pourquoi calmer sa colère ? Quel animal sauvage semble devoir faire des exercices méditatifs pour gérer ses pulsions ? Y a-t-il des thérapies de couple pour les lions ?

Ce premier ouvrage entame le bal des dilemmes sur le plan de la santé, mais tellement d'autres thématiques sont tout autant passionnantes et d'actualité.

La science fait foi dans le présent. La vérité n'est que la version la plus communément admise. Demain, il y aura sûrement d'autres découvertes pour continuer de concilier plaisir et santé, nature et culture…

L'Homme et le monde du vivant ne sont pas statiques, l'être humain continue d'évoluer comme le révèle la population autochtone tibétaine[175] qui développe des spécificités génétiques favorables à la survie en altitude, c'est-à-dire en hypoxie. Le monde avance et comptez sur nous pour en être les messagers.

Nous vous souhaitons le meilleur à chaque instant, ainsi que de prendre plaisir à trouver le compromis, à accepter le désagréable du sacrifice et de la contrainte, à apprécier la rareté et l'éphémère.

Vivons chaque instant sans avoir peur de sortir du confort, sans avoir peur d'intégrer le monde vivant dans notre quotidien.

REMERCIEMENTS

Car ce livre est avant tout une aventure collective, nous remercions chaleureusement Christine Cardin, Sophie Bouchot, Hélène Commo, Virginie Fuertes, Paul Pilardeau, ainsi que Marie Pichon et Matthias Rezkallah pour leur aide précieuse.

Nous remercions aussi nos femmes, Laurine et Lou, ainsi que nos deux jeunes filles, Camille et Jade, qui nous font nous sentir bien vivants.

NOTES

1. Molécule étrangère à la vie. Terme expliqué au premier chapitre.

2. Shakespeare W., *Hamlet*, Acte III, scène 1ère.

3. Vinterberg T., *Drunk*, sorti au cinéma en 2020.

4. Valéry P., tiré de ses « cahiers » manuscrits.

5. Odoul M., *Dis-moi comment aller chaque jour de mieux en mieux*, Paris, Albin Michel, 2020. (p. 13, 166, 185, 193, 233).

6. Site officiel de l'INSEE (https://www.insee.fr/fr/statistiques/3281641?sommaire=3281778).

7. Rapport 2023 de l'OMS: https://www.who.int/fr/news-room/fact-sheets/detail/noncommunicable-diseases.

8. Jozsa L.G., « Obesity in the paleolithic era », *Hormones*, 2011. DOI: 10.14310/horm.2002.1315.

9. Lucock M.D. & Coll., « Diet and our genetic legacy in the recent anthropocene: a Darwinian perspective to nutritional health », *Journal of Evidence-Based Complementary and Alternative Medicine*, 2014. DOI: 10.1177/2156587213503345. (p. 15, 112, 115, 123, 125).

10. Eaton S.B. & Coll., « Evolutionary health promotion », *Revue Prev Med*, 2002. DOI : 10.1006/pmed.2001.0876.

11. Bohler S., *Striatum, comment notre cerveau peut sauver la planète*, Paris, Bouquins, 2023. (p. 17, 51, 54, 100, 108, 143).

12. Darwin C., *On the origin of species by means of natural selection, or preservation of favoured races in the struggle for life*, John Murray, Londres, 1859.

13. Danchin E., « L'évolution culturelle, une autre forme d'hérédité et de diversité biologique », Planet vie.com, 2021. [https://planet-vie.ens.fr/thematiques/evolution/mecanismes-theories-et-concepts-de-l-evolution/l-evolution-culturelle].

14. Lecointre G. & Coll., *Guide critique de l'évolution (2e édition)*, Paris, Belin, 2021.

15. Granqvist P. *Attachment, culture, and gene-culture co-evolution: expanding the evolutionary toolbox of attachment theory*. Attach Hum Dev. 2021, DOI : 10.1080/14616734.2019.1709086.

16. Lenoir F., *L'Odyssée du sacré*, Paris, Albin Michel, Paris, Albin Michel, 2023. (p. 18, 19, 20).

17. Harari Y.N., *Sapiens, une brève histoire de l'humanité*, Paris, Albin Michel, 2011. (p. 19, 19, 97, 98, 212).

18. Morgan D. & Coll., « Social dominance in Monkeys : Dopamine D2 receptors and Cocaine self-administration », *Nature Neuroscience*, 2002. DOI : 10.1038/nn798.

19. Selosse M.A., *Nature et préjugés, convier l'humanité dans l'histoire naturelle*, Arles, Actes Sud, 2024. (p. 20, 91, 98, 112, 248).

20. Doucleff M., *Chasseur, cueilleur, parent*, Paris, Leduc, 2021. (p. 22, 137).

21. Loreau D., *L'Héritage du temps*, Paris, Flammarion, 2019. (p. 24, 140, 185).

22. Fullman N. & Coll., « Alcohol Collaborators. Alcohol use and burden for 195 countries and territories, 1990-2016: a systematic analysis for the Global Burden of Disease Study 2016. », *Lancet*. 2019. DOI: 10.1016/S0140-6736(19)31050-5.

23. Slogan créé par Santé Publique France dans le cadre d'une campagne informative autour de l'alcoolisme en France, 2019.

24. INSERM, « Lutter contre un fardeau à multiples visages », dossier *Alcools & Santé*, 2021. [https://www.inserm.fr/dossier/alcool-sante/].

25. Ameli, « L'alcool : définition et repères de consommation », 2024. [https://www.ameli.fr/assure/sante/themes/alcool-sante/definition-reperes-consommation].

26. Berthou A., *Du bon sens dans notre assiette : Ce que nous avons oublié de nos ancêtres chasseurs-cueilleurs*, Arles, Actes Sud, 2022. (p. 32, 120, 172).

27. Amato, K.R. & Coll., « Predigestion as an evolutionary impetus for human use of fermented food », *Current Anthropology*, 2021. The University of Chicago Press Journals. DOI : 10.1086/715238.

28. McGovern P.E., *Uncorking the Past : The Quest for Wine, Beer, and Other Alcoholic Beverages*, Berkely, University of California Press, 2009.

29. Bowland A.C. & Coll., « Wild chimpanzees share fermented fruits », *Current Biology*, 2025. DOI : 10.1016/j.cub.2025.02.067.

30. Pilardeau P., *Pathologie humaine et évolution ou Syndrome de Lucy*, Bobigny, DERMS, 2003. (p. 34, 39, 111, 111).

31. Dunbar R., « The Social Function of Alcohol from an Evolutionary Perspective. », *Evolutionary Psychiatry: Current Perspectives on Evolution and Mental Health*. Cambridge University Press, 2022. DOI : 10.1017/9781009030564.015.

32. Mohammedi Z., *Stress oxydatif, radicaux libres et antioxydants*, Paris, Édilivre, 2013.

33. Beckman K.B., Ames B.N., « The free radical theory of aging matures », *Physiological Reviews*, 1998. DOI : 10.1152/physrev.1998.78.2.547.

34. Cooke M.S. & Coll., « Oxidative DNA damage : mechanisms, mutation, and disease », *FASEB journal*, 2003. DOI : 10.1096/fj.02-0752rev.

35. Berthou A., *Traité de la pleine santé par l'alimentation durable*, Paris, Dunod, 2023. (p. 37, 40, 129, 215, 216, 216, 219).

36. Lykkesfeldt J., Tveden-nyborg P., « The pharmacokinetics of vitamin C », *Nutrients*, 2019. DOI : 10.3390/nu11102412.

37. Betteridge D.J., « What is oxidative stress? », *Metabolism*, 2000. DOI : 10.1016/s0026-0495(00)80077-3.

38. Prat G. & Coll., « Alcohol hangover: a critical review of explanatory factors », *Human Psychopharmacology*, 2009. DOI : 10.1002/hup.1023.

39. Zhu H. & Coll.,« Alcohol-Induced Headache with Neuroinflammation: Recent Progress. », *Fermentation*, 2023, 9, 184. DOI : 10.3390/fermentation9020184.

40. Borkum J.M., « Migraine Triggers and Oxidative Stress: A Narrative Review and Synthesis. » *Headache*, 2016. DOI : 10.1111/head.12725.

41. Euzen A., Marc C., *Tout comprendre (ou presque) sur l'eau*, Paris, CNRS éditions, 2024. (p. 44, 45, 45, 71).

42. Kieffer D., *Acidose et mucose toxiques*, Suisse, Jouvence, 2019. (p. 45, 89, 121, 121, 142, 148, 168, 205, 225).

43. Rohsenow D. and Coll., « Intoxication with bourbon versus vodka: effects on hangover, sleep, and next-day neurocognitive performance in young adults. », *Alcohol Clin Exp Res*, 2010. DOI : 10.1111/j.1530-0277.2009.01116.x. (p. 47, 62).

44. Éduc'alcool, « Alcool et lendemain de veille », https://educalcool.qc.ca 2012.

45. Rabea A.T. & Coll., « Effects of moderate alcohol consumption and hypobaric hypoxia: implications for passengers' sleep, oxygen saturation and heart rate on long-haul flights. » *Thorax*, 2024. DOI : 10.1136/thorax-2023-220998.

46. Ericsson J. & Coll., « Dopamine differentially modulates the excitability of striatal neurons of the direct and indirect pathways in lamprey », *Journal of Neuroscience*, 2013. DOI : 10.1523/JNEUROSCI.5881-12.2013.

47. Hong S. & al., « Dopamine-mediated learning and switching in cortico-striatal circuit explain behavioral changes in reinforcement learning », *Frontiers in behavioral neuroscience*, 2011. DOI : 10.3389/fnbeh.2011.00015.

48. Terra H. & Coll., « Prefrontal cortical projection neurons targeting dorsomedial striatum control behaviour inhibition », *Current Biology*, 2020. DOI : 10.1016/j.cub.2020.08.031.

49. Salthun-Lassalle B., « Apprentissage : le cerveau rajeunit à tout âge », *Cerveau & Psycho*, n° 156, 6 juin 2023.

50. Cheung T.T.L. & Coll., « Why are people with high self-control happier ? The effect of trait self-control on happiness as mediated by regulatory focus », *Frontiers in Psychology*, 2014. DOI : 10.3389/fpsyg.2014.00722.

51. Johnson-Ulrich L. & Coll., « Group size and social rank predict inhibitory control in spotted hyaenas », *Animal Behaviour*, 2020. DOI : 10.1016/j.anbehav.2019.11.020.

52. Yu J. & Coll., « Better working memory and motor inhibition in children who delayed gratification », *Frontiers in Psychology*, 2016. DOI : 10.3389/fpsyg.2016.01098.

53. Rekha S. & Coll., « Influence of food commodities on hangover based on alcohol dehydrogenase and aldehyde dehydrogenase activities. », *Current Research in Food Science*, 2019. DOI : 10.1016/j.crfs.2019.09.001. (p. 56, 67).

54. Tan H.K. & Coll., « Oxidative stress in alcohol-related liver disease », *World Journal Hepatology*, 2020. DOI : 10.4254/wjh.v12.i7.332.

55. Selosse M.A., *Les Goûts et les couleurs du monde*, Arles, Actes Sud, 2019. (p. 57, 66, 107, 108).

56. Berthou A., *Traité de la pleine santé par l'alimentation durable*, Paris, Dunod, 2023.

57. Breus M., *Quand ? : Faites votre révolution chronobiologique et réalisez pleinement votre vie*, Paris, Belfond, 2017. (p. 102, 179, 195).

58. Hardeland R., « Melatonin and the electron transport chain », *Cellular and Molecular Life Sciences,* 2017. DOI : 10.1007/s00018-017-2615-9.

59. Penning R., « The pathology of alcohol hangover », *Current Drug Abuse Reviews,* 2010. DOI : 10.2174/1874473711003020068.

60. Renaud S., de Lorgeril M. Wine, « Alcohol, platelets, and the French paradox for coronary heart disease. » *Lancet.* 1992, 20. DOI: 10.1016/0140-6736(92)91277-f.

61. Weiskirchen S., Weiskirchen R., « Resveratrol : How Much Wine Do You Have to Drink to Stay Healthy ? », *Nutrition,* 2016. DOI : 10.3945/an.115.011627.

62. Roberts C. & Coll., « Alcohol concentration and carbonation of drinks : the effect on blood alcohol levels », *Journal of forensic and legal medicine,* 2007. DOI : 10.1016/j.jflm.2006.12.010.

63. Ridout F. & Coll., « The effects of carbon dioxide in champagne on psychometric performance and blood-alcohol concentration. » *Alcohol and Alcoholism,* 2003. DOI : 10.1093/alcalc/agg092.

64. Données officielles des analyses de contrôle effectuées par la Direction générale de la concurrence, de la consommation et de la répression des fraudes (DGCCRF), entre 2012 et 2016.

65. Onyesom I., « Honey-induced stimulation of blood ethanol elimination and its influence on serum triacylglycerol and blood pressure in man. », *Annals of Nutrition and Metabolism,* 2005. DOI : 10.1159/000087336.

66. Caroff D., Grenoble, Terre vivante.

67. Raynal C., Revue d'Histoire de la Pharmacie, 2004.

68. Source : https://www.irbms.com/eaux-teneurs/.

69. Peter Eriksson C.J. & Coll., « L-Cysteine Containing Vitamin Supplement Which Prevents or Alleviates Alcohol-related Hangover Symptoms: Nausea, Headache, Stress and Anxiety. » *Alcohol and Alcoholism,* 2020. DOI :10.1093/alcalc/agaa082.

70. Tang X. & Coll., « Protective effects of ethanolic extracts from artichoke, an edible herbal medicine, against acute alcohol-induced liver injury in mice », *Nutrients,* 2017. DOI : 10.3390/nu9091000.

71. Federico A. & Coll., « Silymarin/silybin and chronic liver disease : a mariage of many years », *Molecules,* 2017. DOI : 10.3390/molecules22020191.

72. Hof W., de Jong K., *The Iceman, suivez le guide, pour sublimer votre extraordinaire potentiel*, Paris, Amphora, 2018.

73. Hof W., *La Méthode Wim Hof*, Paris, Guy Trédaniel éditeur, 2021. (p. 75, 231).

74. Garcia H., Miralles F., *Les Pouvoirs guérisseurs de la forêt*, Paris, Solar, 2018.

75. Site de l'OMS, Malnutrition : https://www.who.int/fr/news-room/fact-sheets/detail/malnutrition.

76. Site de l'OMS, Obésité et surpoids : https://www.who.int/fr/news-room/fact-sheets/detail/obesity-and-overweight.

77. Le pH signifie le niveau d'acidité ou d'alcalinité d'un milieu, qui s'échelonne entre 0 (très acide) et 14 (très alcalin).

78. Oliphant K., Allen-Vercoe E., « Macronutrient metabolism by the human gut microbiome : major fermentation by-products and their impact on host health », *Microbiome*, 2019. DOI : 10.1186/s40168-019-0704-8.

79. Desmurget M., Tricot C., *L'Antirégime au quotidien : comment maigrir durablement ? En trompant son cerveau !*, Paris, Belin, 2016. (p. 94, 109, 129, 144, 145).

80. Farrimond S., *Bien dans ma vie, bien dans mes routines*, Londres, Dorling Kindersley, 2021. (p. 95, 180).

81. Rosa H., *Accélération, une critique sociale du temps*, Paris, La Découverte, 2010.

82. Bourdieu P., *La Reproduction*, Paris, Les Éditions de Minuit, 1970 : L'habitus peut être défini comme les différentes pratiques et pensées, intériorisées inconsciemment durant la phase de socialisation, influencées par les différents environnements ou champs sociaux (famille, amis, profession) dans lesquels chacun vit. Cette théorie permet de comprendre que l'on porte et reproduit inconsciemment l'héritage de nos environnements sociaux dans sa façon de vivre et de penser.

83. Dunbar R., « Feasting and its role in human community formation », *Current Biology*, 2019. DOI : 10.1093/oso/9780198842460.003.0011.

84. Saldmann F., *Vitale !*, Paris, Albin Michel, 2019 (p. 105, 189, 231).

85. Armelagos G.J., « Brain evolution, the determinates of food choice, and the omnivore's dilemma », *Food Science and Nutrition*, 2014. DOI : 10.1080/10408398.2011.635817.

86. Malomo K. & Coll., « The evolution of obesity: from evolutionary advantage to a disease », *Biomedical Research and Clinical Practice*, 2018. DOI : 10.15761/BRCP.1000163.

87. Les zones bleues sont différents lieux sur la planète où le taux de centenaires en bonne santé est très important. On retrouve la Sardaigne en Italie, Icarie en Grèce, Okinawa au Japon, la péninsule de Nicoya au Costa Rica et Loma Linda en Californie.

88. Sheikh N. & Coll., « Changing dietary patterns and body mass index over time in canadian inuit communities », *Food and Nutrition Bulletin*, 2011. DOI : 10.3402/ijch.v70i5.17863.

89. Bronte-Stewart B. & Coll., « The health and nutritional status of the kung bushmen of south west africa », *Journal of Laboratory and Clinical Medicine*, 1960.

90. Walker P. & Coll., « Diet, dental health and cultural change among the recently contacted south american hunter horticulturalists », *Human Dental Development, Morphology, and Pathology*, University of Oregon, Eugene, 1998.

91. Mummert A. & Coll., « Stature and robusticity during the agricultural transition : evidence from the bioarchaeological record », *Economics & Human Biology*, 2011. DOI : 10.1016/j.ehb.2011.03.004.

92. Lucock M.D., « Synergy of genes and nutrients: the case of homocysteine », *Current Opinion in Clinical Nutrition and Metabolic Care*, 2006. DOI : 10.1097/01.mco.0000247468.18790.1e.

93. Walls H.L. & Coll., « Comparing trends in BMI and waist circumference », *Obesity*, 2011. DOI : 10.1038/oby.2010.149.

94. Cordain L. & Coll., « Origins and evolution of the Western diet: health implications for the 21st century », *American Journal of Clinical Nutrition*, 2005. DOI : 10.1093/ajcn.81.2.341. (p. 113, 121).

95. Harper K., Armelagos G., « The changing disease-scape in the third epidemiological transition », *International Journal of Environmental Research and Public Health*, 2010. DOI : 10.3390/ijerph7020675.

96. Patin E., Quintana-Murci L., « Demeter's legacy : rapid changes to our genome imposed by diet », *Trends in Ecology & Evolution*, 2008. DOI : 10.1016/j.tree.2007.11.002.

97. Étude ESTEBAN, « Exposition aux métaux de la population française », 2021.

98. Avis de l'ANSES (Agence nationale de sécurité sanitaire de l'alimentation, de l'environnement et du travail) sur les recommandations sur les bénéfices et les risques liés à la consommation de produits de la pêche dans le cadre de l'actualisation des repères nutritionnels du PNNS, 2013.

99. Berthou A., *Traité de la pleine santé par l'alimentation durable*, Paris, Dunod, 2023.

100. Febbraio M.A. & Coll., « Evidence that TLR4 Is Not a Receptor for Saturated Fatty Acids but Mediates Lipid-Induced Inflammation by Reprogramming Macrophage Metabolism. » *Cell Metabolism*, 2018. DOI i: 10.1016/j.cmet.2018.03.014.

101. Le Gouvello M., *Naturopathie, le guide complet au quotidien*, Paris, Rustica, 2018.

102. Frassetto L. & Coll., « Diet, evolution and aging- the pathophysiologic effects of the post-agricultural inversions of the potassium-to-sodium and base-to-chloride ratios in the human diet », *Clinical Nutrition*, 2001.

103. Wada M. & Coll., « Loss of claudins 2 and 15 from mice causes defects in paracellular NA+ flow and nutrient transport in gut and leads to death from malnutrition », *Gastroenterology*, 2013. DOI : 10.1053/j.gastro.2012.10.035.

104. Gubri A., *Le Guide de l'alimentation durable. S'engager pour la planète sans se prendre la tête*, Paris, Dunod, 2020. (p. 127, 129, 139, 140).

105. Fardet A., « Characterization of the degree of food processing in relation with its health potential and effects », *Advances in Food and Nutrition Research*, 2018. DOI : 10.1016/bs.afnr.2018.02.002.

106. Kesse-Guyot E. & Coll., « Prospective association between consumption frequency of organic food and body weight change, risk of overweight or obesity: results from the NutriNet-Santé Study. », British *Journal of Nutrition.*, 2017. DOI: 10.1017/S0007114517000058.

107. Boushey C. & Coll., « Dietary Patterns and All-Cause Mortality: A Systematic Review. », *USDA Nutrition Evidence Systematic Review*, 2020. DOI : 10.52570/NESR.DGAC2020.SR0108.

108. Deram S., *Je n'arrive pas à maigrir : les 7 piliers pour reprogrammer votre cerveau*, Paris, Marabout, 2022.

109. Aiello L.C., Wheeler P., « The Expensive-Tissue Hypothesis: The Brain and the Digestive System in Human and Primate Evolution », *Current Anthropology*, Vol. 36, 1995.

110. Thomas L. & Coll., « Reconstructing Hominin Diets with Stable Isotope Analysis of Amino Acids: New Perspectives and Future Directions. » *Bioscience*, 2022. DOI i: 10.1093/biosci/biac028.

111. Zink K., Lieberman D., « Impact of meat and Lower Palaeolithic food processing techniques on chewing in humans », *Nature*, 2016. DOI : 10.1038/nature16990.

112. Centre de recherche et d'information nutritionnelles, « Cuisson, transformation, quels impacts sur l'aliment ? », 2015.

113. Hemmler & Coll., « Insights into the Chemistry of Non-Enzymatic Browning Reactions in Different Ribose-Amino Acid Model Systems », *PubMed*, 2018. DOI : 10.1038/s41598-018-34335-5.

114. Deram S., *Je n'arrive pas à maigrir : les 7 piliers pour reprogrammer votre cerveau*, Paris, Marabout, 2022.

115. Orr W. C, Fass R. & Coll, « The effect of sleep on gastrointestinal functioning in common digestive diseases », *The Lancet, Gastroenterology & Hepatology*, 2020. DOI : 10.1016/S2468-1253(19)30412-1.

116. Habib N., *Activez votre nerf vague*, Vergèze, Thierry Souccar Éditions, 2020. (p. 142, 239).

117. Institut national de la santé et de la recherche médicale (INSERM), « La rage au ventre : C'est quoi le syndrome de l'intestin irritable ? », 2021.

118. Deram S., *Je n'arrive pas à maigrir : les 7 piliers pour reprogrammer votre cerveau*, Paris, Marabout, 2022.

119. Battement par minute : unité de mesure pour connaître le tempo d'un rythme.

120. Le Gouvello M., *Naturopathie, le guide complet au quotidien*, Paris, Rustica, 2018.

121. Pilardeau P., *Pathologie humaine et évolution ou Syndrome de Lucy*, Bobigny, DERMS, 2003.

122. Breus M., *Quand ? : Faites votre révolution chronobiologique et réalisez pleinement votre vie*, Paris, Belfond, 2017.

123. Ces études n'ont pour l'instant été réalisées que sur des souris, mais elles mettent en avant l'intérêt réel de s'alimenter à des heures régulières pour favoriser la digestion.

124. Brillant S., *L'Incroyable du souffle : Prenez les commandes de votre vie*. Arles, Actes Sud, 2021.

125.Xie L. & Coll., « Sleep drives metabolite clearance from the adult brain. » *Science*, 2013. DOI : 10.1126/science.1241224.

126.Rasch B., Born J., « About sleep's role in memory », *Psychology*, 2013. DOI : 10.1152/physrev.00032.2012.

127. Reiss B., *Wild nights : how taming sleep created our restless world*, New York, Basic Books, 2017.

128.Yetish G. & Coll., « Natural sleep and its seasonal variation in three pre-industrial societies », *Current Biology*, 2015. DOI : 10.1016/j.cub.2015.09.046.

129.Meireles A.L. & Coll., « The role of sunlight in sleep regulation: analysis of morning, evening and late exposure. ». *BMC Public Health*, 2025, DOI : 10.1186/s12889-025-24618-8.

130.Gooley J.J. & Coll., « Exposure to room light before bedtime suppresses melatonin onset and shortens melatonin duration in humans. ». *Journal of Clinical and Endocrinology Metabolism*, 2011, DOI : 10.1210/jc.2010-2098.

131. Stevenson S., *14 jours pour bien dormir*, Vergèze, Thierry Souccar Éditions, 2016. (p. 179, 184).

132.Karadayian A.G. & Coll., « The effect of constant darkness and circadian resynchronization on the recovery of alcohol hangover. », *Behavioural Brain Research*, 2014. DOI : 10.1016/j.bbr.2014.03.048.

133.Tassi P., Muzet A., « Sleep inertia. », *Sleep Medecine Reviews*, 2000. DOI : 10.1053/smrv.2000.0098.

134.Nie J. & Coll., « Investigation on entraining and enhancing human circadian rhythm in closed environments using daylight-like LED mixed lighting. », *Science of the Total Environnement*, 2020. DOI : 10.1016/j.scitotenv.2020.139334.

135. Dolezal B. & Coll., « Interrelationship between sleep and exercise : a systematic review », *Advances in Preventive Medicine*, 2017. DOI : 10.1155/2017/1364387.

136.Thoreau H.D., *Walden : Life in the Woods*, Ticknor and Fields, Boston, 1854.

137. Boyce C.J. & Coll., « Money and happiness: rank of income, not income, affects life satisfaction. », *Psychological Science*, 2010. DOI : 10.1177/0956797610362671.

138.Dubey R. & Coll., « The pursuit of happiness : a reinforcement learning perspective on habituation and comparisons », *PLoS computational biology*, 2022. DOI : 10.1371/journal.pcbi.1010316.

139. Graham D.B., *La Vie après l'ego*, Paris, Pocket, 2020.

140. Tolle E., *Le Pouvoir du moment présent*, Paris, J'ai lu, 2015.

141. Sprajcer M. & Coll., « Sleeping together: understanding the association between relationship type, sexual activity, and sleep », *Sleep Science*, 2022. (p. 186, 187).

142. Borg C. & Coll., « The influence of sexual activity on sleep : A diary study », *Journal of Sleep Research*, 2023. DOI : 10.1111/jsr.13814.

143. Kramer D.J. & Coll., « Apigenin: a natural molecule at the intersection of sleep and aging. », *Frontiers in Nutrition*, 2024. DOI : 10.3389/fnut.2024.

144. Couic-Marinier F., *Mon cahier, huiles essentielles*, Paris, Solar, 2020.

145. Lazari A. & Coll., « Myelin plasticity and behaviour-connecting the dots », *Current opinion in neurobiology*, 2017. DOI : 10.1016/j.conb.2017.09.014.

146. Bonnaud N., Luccioni V., *Je booste ma santé*, Paris, Mango, 2021.

147. Dowell S.F., « Seasonal variation in host susceptibility and cycles of certain infectious diseases », *Emerging Infectious Diseases*, 2001. DOI : 10.3201/eid0703.010301.

148. Guillain F., *La méthode*, Paris, Guy Trédaniel éditeur, 2015.

149. Atallah F., Guillermou Y., « L'homme et sa douleur : dimension anthropologique et sociale », *Annales Françaises d'Anesthésie et de Réanimation*, 2004. DOI : 10.1016/j.annfar.2004.06.004.

150. Documentaire Arte, La réponse à presque tout, n° 42 : « Avons-nous besoin de plus de douleur ? », 2024.

151. Nantz M.P. & Coll., « Supplementation with aged garlic extract improves both NK and γδ-T cell function and reduces the severity of cold and flu symptoms: a randomized, double-blind, placebo-controlled nutrition intervention. » *Clinical Nutrition*, 2012. DOI : 10.1016/j.clnu.2011.11.019.

152. Ternisien L., *Naturopathie saison par saison : le guide*, Paris, Flammarion, 2023. (p. 219, 233).

153. Zhao T. & Coll., « Green Tea (*Camellia sinensis*): A Review of Its Phytochemistry, Pharmacology, and Toxicology », *Molecules*, 2022. DOI : 10.3390/molecules27123909.

154. Khan N. & Coll., « Tea Polyphenols in Promotion of Human Health. », *Nutrients*, 2018. DOI :10.3390/nu11010039.

155. Suzuki E. & Coll., « Green tea consumption and mortality among japanese elderly people : the prospective shizuoka elderly cohort », *Annals of Epidemiology*, 2009. DOI : 10.1016/j.annepidem.2009.06.003.

156. Ames B.N., « DNA damage from micronutrient deficiencies is likely to be a major cause of cancer », *Mutation Research*, 2001. DOI : 10.1016/s0027-5107(01)00070-7.

157. Mursu J. & Coll., « Dietary supplements and mortality rate in older women: the Iowa Women's Health Study. », *JAMA Internal Medecine*, 2011. DOI : 10.1001/archinternmed.2011.445.

158. Tiré du titre du livre *Born to run*, de Chris McDougall (2012).

159. INSERM, « Activité physique : prévention et traitement des maladies chroniques », 2020.

160. Mouton G., Lioré J., *Je mange selon mes génotypes*, Exuvie, Thervay, 2024.

161. Fraga M.F. & Coll., « Epigenetic differences arise during the lifetime of monozygotic twins », *PNAS*, 2005. DOI : 10.1073/pnas.0500398102.

162. Desmorat H., *La Mécanique du corps*, Paris, Hachette pratique, 2024.

163. Le Van Quyen M., *Cerveau et nature*, Paris, Flammarion, 2022.

164. Rapport de l'Agence européenne de l'environnement, 2021.

165. Carney S., *Tout ce qui ne nous tue pas*, Paris, Amphora, 2017.

166. Soberg S., *Les Pouvoirs extraordinaires du froid*, Paris, Robert Laffont, 2022.

167. Hof W., de Jong K., *The Iceman, suivez le guide*, Paris, Amphora, 2018.

168. Dr Qing Li, *Shinrin Yoku, l'art et la science du bain de forêt*, Paris, First, 2018. (p. 235, 235).

169. Garcia H., Miralles F., *Les Pouvoirs guérisseurs de la forêt*, Paris, Solar, 2018. (p. 235, 236).

170. Martel J. & Coll., « Influence of electromagnetic fields on the circadian rhythm: Implications for human health and disease. », *Biomedical Journal*, 2023. DOI : 10.1016/j.bj.2023.01.003.

171. Kattner A.A., « Down to earth - A new type of hygiene », *Biomedical Journal*, 2023. DOI : 10.1016/j.bj.2023.02.003.

172. Brillant S., *L'Incroyable Pouvoir du souffle : Prenez les commandes de votre vie*, Arles, Actes Sud, 2021.

173. Nestor J., *Respirer, le pouvoir extraordinaire de la respiration*, Paris, Solar, 2021.

174. Pelagotti L., *La Respiration pour la maîtrise de soi*, Thervay, Exuvie, 2022.

175. Jeong C., Beall C. & Coll., « Detecting past and ongoing natural selection among ethnically Tibetan women at high altitude in Nepal », *PLoS Genetics*, 2018. DOI : 10.1371/journal.pgen.1007650.

édition pré-presse
livres numériques

44400 Rezé

Achevé d'imprimer en décembre 2025
sur les presses de la Nouvelle Imprimerie Laballery
58500 Clamecy
Dépôt légal : Décembre 2025
Numéro d'impression : 511588

Imprimé en France